POKE
DAS KOCHBUCH

POKE

DAS KOCHBUCH

REZEPTE VON DER KÜSTE HAWAIIS
BUNT, GESUND & LECKER

JAMES PORTER

Fotos von Mowie Kay

Für Liv und die ganze Island-Poké-Familie, die dieses Buch erst möglich gemacht haben.

ANMERKUNGEN
- Wenn nicht anders angegeben, beziehen sich die Angaben zum Löffelmaß auf gestrichene Tee- und Esslöffel.
- Der Verzehr von rohen oder halbgaren Eiern ist für Kleinkinder, Schwangere, kranke, alte oder abwehrgeschwächte Menschen nicht geeignet.
- Bei Rezepten mit rohem Fisch stets Sashimi-Qualität verwenden und den Fisch noch am selben Tag zubereiten. Der Verzehr von rohem Fisch und rohem Fleisch sollte bei Kleinkindern, Schwangeren, kranken, alten oder abwehrgeschwächten Menschen nur mit ärztlicher Zustimmung erfolgen.
- Den Backofen auf die angegebene Temperatur vorheizen; dabei empfiehlt sich die Verwendung eines Ofenthermometers. Wenn nicht anders angegeben, beziehen sich die Ofentemperaturen auf Ober- und Unterhitze. Für Umluft die Temperatur gemäß Anleitung des Ofenherstellers anpassen.
- Für Schalenabrieb immer Zitrusfrüchte in Bio-Qualität verwenden.

HAFTUNGSAUSSCHLUSS
Alle Rezepte und Arbeitshinweise in diesem Buch basieren auf den Erfahrungen des Autors und sind eine allgemeine Anleitung zur Zubereitung von Poke für die private Nutzung. Für eventuell auftretende Fehler oder Schäden können Autor und Verlag nicht haftbar gemacht werden. Beachten Sie stets die aktuelle Verordnung zur Lebensmittelsicherheit.

Die Originalausgabe mit dem Titel *Island Poké* ist 2018 bei Ryland Peters & Small in englischer Sprache erschienen.

Text © James Porter 2018
Design und Fotos © Ryland Peters & Small 2018

5 4 3 2 1   23 22 21 20 19

978-3-88117-206-6

Übersetzung: Dr. Christine Schlitt
Lektorat: Christin Geweke
Redaktion: Franziska Grünewald
Satz: Tina Agard Grafik & Buchdesign
© 2019 Hölker Verlag in der Coppenrath Verlag GmbH und Co. KG,
Hafenweg 30, 48155 Münster, Germany
Alle Rechte vorbehalten, auch auszugsweise

www.hoelker-verlag.de

INHALT

VORWORT

Poke stammt aus Hawaii und ist eine Art Sushi, das in einer Bowl serviert wird. Wortwörtlich bedeutet es „in kleine Stücke schneiden". Eine Poke Bowl besteht aus einer beliebigen Anzahl von Zutaten, darunter traditionell der in Hawaii „Ahi" genannte Gelbflossenthunfisch, Meeresfrüchte, Tintenfisch, Tofu oder saisonales Gemüse. Alle Zutaten werden mariniert und mit japanisch oder hawaiisch inspirierten Soßen und Würzmitteln wie Kukui-Nüssen oder Algen verfeinert. Auf Hawaii gibt es mindestens hundert Poke-Varianten. Und seitdem das Gericht auch international bekannt geworden ist, ist die Anzahl nahezu explodiert. Einige Variationen transportieren den Geist des wahren hawaiischen Poke, auch wenn sie nicht immer Originalzutaten verwenden. In vielen anderen Neukreationen kommen hingegen untypische Aromen wie sauer eingelegtes Gemüse oder frittierter Grünkohl vor. Oft wird hier versucht, mit einer aufwendigen Deko aus essbaren Blüten und Beilagen wie grünem oder schwarzem Reis die hawaiische Anmutung wiederherzustellen.

In meiner Küche versammeln sich sowohl die ursprünglichen Zutatenkombinationen als auch die neueren, durch Fusion Food beeinflussten Poke-Varianten. Allen gemein ist, dass sie immer mit den besten Zutaten im authentischen und gesunden „Island Style" zubereitet werden, der die frischen und charakteristischen Aromen Hawaiis einfängt.

Seinen Anfang nahm Island Poké im Jahr 2003 auf dem Tennisplatz. Ich spielte bei einem Juniorenturnier in Maui mit und gewann sowohl im Einzel als auch im Doppel. Das war ein großartiger Moment für mich als Tennisspieler, aber ein noch prägenderes Erlebnis hatte ich während unserer Mittagspause. Die freundlichen einheimischen Spieler waren scheinbar süchtig nach einer Schale mit rohem Fisch und zwei Löffeln Reis. Das Essen half ihnen zwar nicht auf dem Platz, trug aber definitiv zu ihrem Aloha-Spirit bei. Obwohl meine Tenniskarriere sich schon vor dem Studium im Sande verlief, war mir dieses Mittagessen in Maui immer in Erinnerung geblieben. Und so kündigte ich einige Jahre später meinen Job und startete einen kleinen Straßenimbiss in London. Ich wollte dieses bis dahin noch wenig bekannte Gericht namens Poke einer größeren Food-Community zugänglich machen.

2016 eröffnete die erste Filiale von Island Poké in London, was maßgeblich zum bald darauf eintretenden Poke-Hype beitrug. Ein großer Teil des Erfolgs hängt wahrscheinlich damit zusammen, dass uns Authentizität sehr wichtig ist und wir einfache Poke-Gerichte anbieten, die jedem vertraut sind, der das Original aus Hawaii kennt. Außerdem legen wir viel Wert auf offenes, freundliches Personal und eine ungezwungene Atmosphäre – ebenfalls typisch „Island Style".

In diesem Buch möchte ich die verschiedenen Poke-Strömungen vorstellen, die man innerhalb und außerhalb Hawaiis finden kann. Da gibt es die traditionelle hawaiische Küche, die der gegenwärtigen Poke-Szene auf den Inseln zugrunde liegt. In der hawaiischen Kreolsprache werden diese authentischen Gerichte „ono grindz" genannt. Eine weitere Richtung ist die Pacific Rim Cuisine oder Hawaiian Fusion. Darüber hinaus stelle ich Poke-Rezepte aus anderen Teilen der Welt vor, in denen sich die hawaiischen Originale völlig unterschiedlich entwickelt haben.

Ein warmherziges „Mahalo" oder Danke an alle, die von Poke und den Gerichten in diesem Buch begeistert sind. Ich hoffe, eure Begeisterung führt dazu, sofort loszulegen und die Rezepte auszuprobieren.

BESONDERE ZUTATEN

Poke wird mit einigen Zutaten zubereitet, die in vielen Regionen der Welt nicht geläufig sind. Wo du sie bekommst, wie sie verarbeitet werden und was du stattdessen verwenden kannst, zeigt die folgende Übersicht.

FURIKAKE ist eine japanische Würzmischung für Reis. Sie enthält meist fein gehackte Nori-Algen, geröstete Sesamsamen, Salz und Zucker.

HAWAII-SALZ wird aus Meerwasser vor den Küsten der Inselkette gewonnen und kann durch anderes unjodiertes Meeersalz ersetzt werden.

KAMABOKO ist eine Art japanisches Surimi und besteht aus püriertem weißem Fisch, der in verschiedene Formen gepresst wird; in Asialäden erhältlich.

LI HING MUI ist eine in Salz eingelegte und an der Sonne getrocknete Pflaume. Die süße hellrote Frucht wird gemahlen zum Dekorieren von Cocktailglasrändern oder zum Einlegen von Trockenobst verwendet.

MOCHIKO-MEHL ist ein japanisches Klebreismehl, das Gerichten eine leicht zähe Konsistenz verleiht. Herkömmliches Reis- oder Weizenmehl kann stattdessen auch verwendet werden, ergibt aber eine andere Textur.

PITAHAYA-PULVER ist hellrot und besteht aus dem getrockneten und gemahlenen Fruchtfleisch der Drachenfrucht. Stattdessen kann auch Blaubeer-, Mango-, Matcha-, Kakao- oder Açaipulver verwendet werden. Beachte aber, dass sich je nach verwendetem Pulver Aussehen und Geschmack des Gerichts verändern.

SHOYU wird in Hawaii eine spezielle Sojasoße genannt. Der Name stammt aus dem Japanischen und wird dort „schorju" ausgesprochen. Nicht zu verwechseln mit der hauseigenen Shoyu-Soße bei Island Poké, die aus zwei Teilen Sojasoße, einem Teil Sesamöl und einem Spritzer Mirin (Reiswein) gemischt wird.

TARO-BLÄTTER lassen sich wie Blattgemüse zubereiten, sind in rohem Zustand aber giftig. Nach dem Verarbeiten Hände waschen oder währenddessen Einweghandschuhe tragen. Vor dem Verzehr mindestens eine Stunde kochen.

TARO-WURZEL oder Wasserbrotwurzel ist ein Grundnahrungsmittel in der hawaiischen Küche und wird zur Zubereitung von Poi, Lau Lau und Kulolo verwendet. Die Wurzel ähnelt der Yamswurzel. Sie enthält reizende Stoffe (zum Verarbeiten Einweghandschuhe tragen) und ist roh ungenießbar. Ersatzweise kann auch Süßkartoffel oder Maniok verwendet werden, wenngleich der Geschmack anders ist.

TI-BLÄTTER sind die langen, mit einer Wachsschicht überzogenen Blätter der Keulenlilie. Die ungenießbaren Pflanzenteile werden benutzt, um beim Kochen die Flüssigkeit am Verdampfen zu hindern. Bananen- oder Pandan-Blätter können auch verwendet werden, führen aber zu einem leicht anderen Geschmack. Alternativ kannst du auch Alufolie nehmen.

TOBIKO ist der Rogen einer bestimmten Art der Fliegenden Fische. Alternativ kann auch anderer Rogen mit ca. 5 mm großen Eiern verwendet werden.

TOFUTASCHEN (INARI-WRAPS) sind kleine Päckchen aus Sojabohnen, ähnlich einem süßlichen Omelett, die mit Reis, Gemüse und rohen Meeresfrüchten gefüllt werden.

TOGARASHI ist ein Chilipulver. Zum Selbermachen vier Teile rotes Chilipulver, einen Teil Sesamsamen, einen Teil Zitronenabrieb und einen Teil gemahlene Nori-Algen mischen.

YUZU ist eine aromatische Kreuzung aus Mandarine und Zitrone. Die saure Zitrusfrucht lässt sich schwer auspressen, aber der Saft ist in vielen Asialäden erhältlich. Ersatzweise kann auch der Saft eine halben Orange mit dem Saft einer halben Limette vermischt werden.

POKE BOWLS

*DIE URSPRÜNGLICHE ART,
POKE ZU GENIESSEN*

KLASSISCHES AHI-POKE

Dies ist die Mutter aller Poke-Gerichte, so wie wir es täglich bei Island Poké servieren. Das Geheimnis ist der Ahi oder Gelbflossenthunfisch in Sashimi-Qualität, der das Rezept dominiert, ohne von zu vielen anderen Aromen überlagert zu werden. Wenn Ahi in dieser Qualität nicht verfügbar ist, hat dein Fischhändler sicher einen anderen Thunfisch, der roh gegessen werden kann.

FÜR 4 PORTIONEN ALS HAUPTGERICHT

250 g Sushi-Reis (s. S. 15)
500 g Ahi-Filet in Sashimi-Qualität (s. S. 15)
2 EL Shoyu (Sojasoße)
1 TL Sesamöl
3 Frühlingszwiebeln, in feine Ringe geschnitten
1 daumengroßes Stück Ingwer, gerieben

ZUM SERVIEREN

2 EL eingelegter Ingwer (s. S. 139)
2 rote Chilischoten, in Ringe geschnitten
2 Frühlingszwiebeln, in Ringe geschnitten
1 Avocado, in Scheiben geschnitten
1 EL Edamame-Bohnen
2 EL Tobiko (Fischrogen)
2 EL Wakame-Algen
1 EL Macadamianusskerne
2 EL frittierte Schalotten (s. S. 137)
Ananas-Chili-Salsa (s. S. 134)
1 Spritzer Sriracha-Soße
gemischte Sesamsamen
essbare Blüten als Dekoration

Den Sushi-Reis zubereiten. Den Thunfisch in kleine Würfel schneiden und in einer Schüssel mit Shoyu, Sesamöl, Frühlingszwiebeln und Ingwer vermengen. Mind. 15 Min. ziehen lassen.

Den Reis auf Schalen verteilen. Den marinierten Thunfisch zugeben und die Bowl mit einer Auswahl an Toppings garnieren. Sriracha-Mayonnaise (s. u.), Wasabi-Creme (s. u.) oder Sriracha-Soße pur darübergeben.

SRIRACHA-MAYONNAISE

2 EL Sriracha-Soße, 3 EL Mayonnaise, 2 EL griechischen Joghurt und den Saft von 1 Limette in einer Schüssel verrühren.

WASABI-CREME

125 g saure Sahne, 3 EL Crème fraîche, 2 TL Wasabi-Paste, 1 TL helle Sojasoße und den frisch gepressten Saft von 1 Zitrone verrühren und mind. 1 Std. ziehen lassen.

FÜR MEHR SCHÄRFE

2 Jalapeños und 2 rote Chilischoten in einer Pfanne von allen Seiten rösten, bis die Haut Blasen wirft. Herausnehmen und abkühlen lassen. In derselben Pfanne 1 EL Koriandersamen rösten und anschließend im Mörser zerstoßen. Die Chilis und Jalapeños vom Stielansatz befreien, häuten, fein würfeln und mit dem Koriander mischen. Das Ahi-Poke damit würzen – für noch mehr Schärfe einen Spritzer Rote Salsa (s. S. 135) darüberträufeln.

DREIERLEI POKE

Perfekt für eine Einladung mit vielen Gästen: drei verschiedene Poke mit dreierlei Fisch. In diesem Rezept werden Lachs, Thunfisch und Mahi Mahi in Sojasoße mariniert. Wenn du weniger Portionen zubereiten möchtest, einfach die Zutatenmengen proportional anpassen.

FÜR 12 PORTIONEN
Klassisches Ahi-Poke (s. S. 12)
Yuzu-Lachs-Poke (s. S. 18)
Mahi-Mahi-Poke (s. u.)

ZUM SERVIEREN
750 g Sushi-Reis (s. S. 15), mit
   grünem Tee oder Matcha zubereitet
gehackte Chilischoten
Kalua-Chipotle-Ketchup (s. S. 136)
Ananas-Chili-Salsa (s. S. 134)
Tomatillo-Salsa (s. S. 132)

MAHI-MAHI-POKE
FÜR 4 PORTIONEN
500 g sehr frisches Mahi-Mahi-Filet
   (s. S. 15)
frisch gepresster Saft von 2 Limetten
2 EL Shoyu (Sojasoße)
3 Frühlingszwiebeln, in feine Ringe
   geschnitten
1 daumengroßes Stück Ingwer,
   gerieben
2 EL Edamame-Bohnen
2 EL Algen
2 EL Tobiko (Fischrogen)
1 Schale Kresse, die Blättchen abgeschnitten

Den Sushi-Reis mit grünem Tee oder Matcha zubereiten. In der Zwischenzeit die Poke mit Ahi, Lachs und Mahi Mahi wie in den jeweiligen Rezepten angegeben zubereiten. Den Reis auf Schalen verteilen und den Fisch zugeben. Mit gehackten Chilis bestreuen. Mit Kalua-Chipotle-Ketchup, Ananas-Chili-Salsa und Tomatillo-Salsa servieren. Mit Stäbchen essen und eine Tasse Matcha dazu genießen.

MAHI-MAHI-POKE
Wenn du nicht sicher bist, ob der Mahi Mahi fangfrisch ist, zunächst mit Limettensaft marinieren und ca. 30 Min. ziehen lassen. Anstatt Mahi Mahi kannst du auch anderen Fisch mit festem Fleisch, z. B. Meerforelle oder Heilbutt, verwenden.

   Den Fisch in Würfel schneiden und in eine Schale geben. Shoyu, Frühlingszwiebeln, Ingwer und Edamame untermengen. Algen, Tobiko und Kresse darüberstreuen.

FÜR 4 POKE-PORTIONEN

250 g Sushi-Reis
1 TL Salz
2 EL weißer Zucker
3 EL Reisessig
2 EL Mirin (Reiswein)

GRUNDREZEPT FÜR SUSHI-REIS

Den Reis mind. dreimal in kaltem Wasser waschen. Anschließend mit 500 ml Wasser in einem mittelgroßen Topf aufkochen. Die Hitze reduzieren, den Deckel auflegen und den Reis bei niedriger Temperatur in ca. 20 Min. weich köcheln, bis die Flüssigkeit aufgesogen ist.

In der Zwischenzeit Salz, Zucker, Reisessig und Mirin in einer Schüssel mischen.

Den Reis auf einer großen Platte oder einem Backblech ausbreiten und auskühlen lassen, ggf. Luft zufächeln, um den Abkühlprozess zu beschleunigen. Während der Abkühlzeit die Essigmischung über den Reis geben und mit einer Gabel untermengen. Den Reis nach dem Auskühlen sofort verwenden oder mit Frischhaltefolie abgedeckt im Kühlschrank lagern und innerhalb 1 Tages verbrauchen.

DER RICHTIGE FISCH FÜR POKE

AHI

ist der hawaiische Name für den Gelbflossenthunfisch.

ALBACORE

ist eine andere Bezeichnung für Weißen Thunfisch.

MAHI MAHI

wird im pazifischen Raum die Gemeine Goldmakrele genannt. Alternativ kannst du auch Schwertfisch verwenden.

Wenn du Poke mit rohem Fisch zubereitest, ist es extrem wichtig, dass du ihn sehr frisch bzw. in Sashimi-Qualität kaufst. Lass dich von deinem Fischhändler beraten. Roher Fisch sollte stets im Kühlschrank gelagert und innerhalb von 24 Stunden nach dem Kauf verzehrt werden.

Ob Fisch frisch ist, kann man an folgenden Merkmalen erkennen:

- Die Augen sind klar und gewölbt.
- Das Fleisch ist fest, elastisch und glänzend und zeigt keine Druckstellen, wenn du mit dem Finger kräftig draufdrückst.
- Die Kiemen sind hellrot oder rosa.
- Frischer Fisch riecht fast neutral. Wenn er unangenehm fischig riecht, ist er nicht frisch.
- Fischfilet, das von einem größeren Stück abgeschnitten wird, sollte hell und fest sein.

Roher Fisch unterliegt strengen Kontrollen und Hygienevorschriften. Trotzdem kann er Larven von Parasiten enthalten. Soll Fisch aus Wildfang roh verzehrt werden, sollte er mindestens vier Tage lang bei maximal -15 °C eingefroren werden. Nur so werden eventuell vorhandene Larven abgetötet. Schneide die Filets in lange Streifen und wickle sie in Frischhaltefolie. Zum Auftauen legst du den Fisch 5–12 Stunden in den Kühlschrank. Der Fisch sollte dann noch am selben Tag verzehrt werden.

YUZU-LACHS-POKE

In meinem Straßenimbiss hatte ich nur zwei Poke im Angebot – mit Ahi und mit Lachs. Ich kaufte damals den besten Lachs, den ich auf dem Fischmarkt in Billingsgate bekommen konnte, und marinierte ihn mit dieser Yuzu-Soße. Anstelle von Yuzu-Saft kannst du auch eine Mischung aus Orangen- und Limettensaft verwenden.

FÜR 4 PORTIONEN

250 g Sushi-Reis (s. S. 15)
1 TL Yuzu-Saft
2 EL Mirin (Reiswein)
2 EL helle Sojasoße
500 g sehr frisches Lachsfilet
   (s. S. 15)
3 Frühlingszwiebeln, in feine Ringe
   geschnitten
Yuzu-Mango-Salsa (s. S. 132) zum
   Servieren

ZUM SERVIEREN

2 EL Edamame-Bohnen
1 TL Furikake (japanische Würzmischung)
1 EL Algenflocken
1 TL schwarze Sesamsamen
2 EL eingelegter Ingwer (s. S. 139)
essbare Blüten zum Garnieren

Den Sushi-Reis zubereiten. Für die Marinade Yuzu-Saft, Mirin und Sojasoße in einem Schälchen verrühren. Den Lachs in Würfel schneiden und in einer Schüssel mit gerade so viel Marinade mischen, dass er einen glänzenden Überzug erhält. Die Frühlingszwiebeln untermischen.

Den Reis auf Schalen verteilen. Lachs und Frühlingszwiebeln sowie Yuzu-Mango-Salsa zugeben. Nach Wunsch mit Edamame, Furikake, Algenflocken, Sesam und Ingwer servieren und mit Blüten dekorieren.

GELBE-BETE-POKE

Poke sollte immer mit besten Zutaten, möglichst in Bioqualität, zubereitet werden. Ich wollte schon früh auch andere Lebensmittel außer Fisch in meine Rezepte integrieren. Auf Gelbe Bete bin ich bei einem Biobauern in Somerset gestoßen. Geröstet schmecken die Rüben süß und erdig. Mit einer einfachen Marinade wird daraus ein leckeres Poke auf Gemüsebasis.

FÜR 4 PORTIONEN

250 g Sushi-Reis (s. S. 15)
500 g Gelbe Bete
Olivenöl
Salz

FÜR DIE MARINADE
2 TL Mirin (Reiswein)
6 EL Sojasoße
3 EL Sesamöl
frisch gepresster Saft von
    1–2 Limetten
1 rote Chilischote, in feine Ringe
    geschnitten
3 Frühlingszwiebeln, in Ringe
    geschnitten
1 daumengroßes Stück Ingwer,
    gerieben

ZUM SERVIEREN
2 TL gemischte Sesamsamen
2 EL eingelegter Ingwer (s. S. 139)
2 EL Edamame-Bohnen
1 Avocado, in Scheiben geschnitten
2 EL Tobiko (Fischrogen)
1 EL Macadamianusskerne, in Togarashi (japanisches Chilipulver)
    gewälzt
1 EL Nori-Blätter, fein geschnitten
essbare Blüten zum Garnieren

Den Sushi-Reis zubereiten. Den Backofen auf 200 °C vorheizen.

Die Gelbe Bete putzen und ungeschält in Olivenöl und Salz wälzen, dann auf ein Backblech legen. Im Ofen 1 ½ Std. backen, bis die Rüben innen weich sind; dabei aufpassen, dass sie nicht verbrennen. Etwas abkühlen lassen, dann schälen, halbieren und in Scheiben schneiden.

Für die Marinade Mirin, Sojasoße und Sesamöl in einer Schüssel verrühren. Limettensaft, Chili, Frühlingszwiebeln und Ingwer untermischen. Die Gelbe Bete zufügen und 30 Min. marinieren.

Den Reis auf Schalen verteilen. Die marinierte Gelbe Bete zugeben und mit Sesamsamen bestreuen. Eingelegten Ingwer, Edamame, Avocado und Tobiko zufügen. Zum Schluss Macadamianüsse und Nori darüberstreuen und alles mit essbaren Blüten dekorieren.

TIPP
Die geröstete Bete lässt sich am besten schälen, wenn sie noch warm ist.

WAS IST POKE?

Die ursprüngliche Bedeutung des Worts „poke" in der hawaiischen Sprache ist „schneiden" oder „würfeln". Im Lauf der Zeit wurde daraus jedoch der Name für ein einfaches Mahl der Küstenfischer, bestehend aus Fisch, zerkleinerten Kukui-Nüssen, Algen und Salz. Obwohl das Gericht bereits in der Zeit vor den Reisen von James Cook, der 1779 auf Hawaii starb, erwähnt wurde, ist Poke erst seit den 1960er-Jahren richtig bekannt geworden.

Durch die Verfügbarkeit von Fischen wie Ahi (Gelbflossenthunfisch) und den Einfluss anderer Kulturen, vor allem der japanischen, hat sich Poke stark verändert. Shoyu, Sesamöl, Tako (Oktopus), Tofu und Tsukemono (eingelegtes Gemüse) spielen mittlerweile eine wesentliche Rolle für das Poke, das heute auf den Inseln zubereitet wird. Aber auch die Küchen Portugals, Mexikos und anderer Pazifikgebiete haben Spuren hinterlassen. Poke ist der beliebteste Snack in Hawaii und immer die erste Wahl für ein Essen mit Freunden, das traditionelle Luau-Fest oder eine schnelle Mahlzeit unterwegs.

Die Foodszene in London, wo ich zurzeit lebe, wurde ganz plötzlich auf Poke aufmerksam. Zuerst tauchte das Gericht in kleinen Straßenimbissen auf,

z. B. im Bahnhof Fenchurch Street, auf Streetfood-Meilen oder im Kaufhaus Selfridges. Mittlerweile haben auch gehobene Restaurants mitten in der City, in Soho und Canary Wharf Poke auf der Speisekarte. Und es verbreitet sich immer mehr. Doch was ist das Erfolgsgeheimnis?

Vielleicht kann man es mit dem Entstehungsort erklären. Auf Hawaii war Poke schon immer ein absolut zwangloses Essen. So zwanglos, dass leidenschaftliche Poke-Fans darauf bestehen, es ausschließlich an der Fischtheke im Supermarkt oder im Laden an der Ecke zu kaufen. Am liebsten bei Foodland, einer hawaiischen Supermarktkette, aus randvollen Edelstahlbehältern. Poke wird hauptsächlich aus Ahi, Tako, Garnelen oder Tofu zubereitet und mit Reis in einer Styroporschale serviert, daneben eine Flasche Sriracha-Soße zum Würzen. Wirklich keine besonders vornehme Angelegenheit. Wer die Inseln besucht, ist dennoch fasziniert von den Einheimischen, oft Surfern, die ihr Poke am Strand, im Auto oder an der Bushaltestelle essen.

Dann kam ein selbst ernannter „Godfather des Poke" von Big Island, der Bücher über Poke schreibt und das Gericht nach Seattle exportierte. Seine

Maxime „mo Poke, mo betta" (je mehr Poke, desto besser), fasst seine Interpretation von Poke ziemlich gut zusammen. Er lockt mit seinen Foodtrucks und Drive-ins vor allem die in Seattle lebenden Hawaiianer an. Diese Leute wollen ihr Poke in riesigen Portionen und mit zwei großen Löffeln Reis, ungefähr so wie zu Hause in Oahu bei Foodland.

Irgendwann entdeckten dann auch ein paar Leute aus Los Angeles Poke. Sie fanden es gesund, reduzierten die Kohlenhydrate, reicherten es mit Aromen an, machten es bunter und verkauften es mit zahlreichen Soßen in trendigen Läden an schlanke, ernährungsbewusste, hippe Westsider. Diese Läden mit designten Möbeln, Neonschriftzügen, beleuchteten Speisekarten und Theken aus Glas und Marmor waren meilenweit von den Ursprüngen in Venice oder Ocean Park entfernt. Doch der Erfolg der neuen Präsentation ließ nicht lange auf sich warten und reichte schnell auch in noch weiter entfernte Orte wie Sydney, New York, Barcelona, Singapur oder London.

Wir bei Island Poké in London versuchen, wieder zu dem originalen hawaiischen Poke zurückzukehren. Der Aloha-Spirit, qualitativ hochwertige und einfache Zutaten, eine entspannte Atmosphäre und Transparenz bei der Herkunft der Lebensmittel stehen hinter unserem Island Style.

Trotzdem lassen wir uns auch gerne von ähnlichen Gerichten aus aller Welt inspirieren, wie vom Poisson Cru (Eia Ota) aus Tahiti, das mit Kokosmilch und Kokosraspeln zubereitet wird, oder vom peruanischen Ceviche, das die Limettenmarinade und den häufigen Gebrauch von Avocado beigesteuert hat. Oder nehmen wir das japanische Tataki, das mittlerweile ebenfalls häufig als Poke serviert wird, indem Rindfleisch oder Ahi kurz scharf angebraten, in Essig mariniert und anschließend mit einer Ingwerpaste gewürzt werden.

Puristen in Hawaii beurteilen diese internationale Entwicklung recht kritisch. Die meisten sind aber der Meinung, dass sich Poke zurzeit einfach nur rasant weiterentwickelt, genauso wie sich damals auf Hawaii das einfache Küstenfischeressen weiterentwickelt hat. Und solange dies möglichst nah am Island Style bleibt, ist daran auch nichts auszusetzen – ganz im Gegenteil.

POKE MIT GERÄUCHERTEM ALBACORE

Dieses Gericht hatte ich schon in meinem Straßenimbiss im Angebot. Die feinen Aromen der Zutaten harmonieren perfekt mit dem Geschmack des Weißen Thunfischs (Albacore). Den Fisch kann man fertig kaltgeräuchert kaufen oder selbst räuchern (s. u.).

FÜR 4 PORTIONEN

500 g Weißer Thunfisch
  (Albacore; s. S. 15)

ZUM PÖKELN
2 EL Meersalz
3 EL weißer Zucker

ZUM SERVIEREN
250 g Jasminreis
1 ½ TL Matcha
1 kleine Kokosnuss
2 Frühlingszwiebeln, in Ringe
  geschnitten
150 g Radieschen, in feine Scheiben
  geschnitten
Algenflocken zum Bestreuen
Furikake (japanische Würzmischung)
  zum Bestreuen
4 EL Chipotle-Creme (s. S. 137)
Rote Salsa, Tomatillo-Salsa oder
  Yuzu-Mango-Salsa nach Wunsch
  (s. S. 132–135)

Wer den Thunfisch selber räuchern möchte, sollte am besten eine größere Menge zubereiten, damit sich der Aufwand lohnt. Dazu den Fisch ausnehmen oder filetieren, nicht häuten. Salz und Zucker in einer Schüssel mischen und den Fisch auf beiden Seiten damit einreiben. In Frischhaltefolie wickeln und über Nacht, max. 24 Std., in den Kühlschrank legen. Vor dem Räuchern die Salzmischung abwaschen und den Fisch auf einem Rost mit der Haut nach unten mind. 1 Std. trocknen lassen. Anschließend den Fisch im Räucherofen nach Herstelleranleitung auf dem Rost bei höchstens 35 °C mind. 12 Std. räuchern, dabei immer wieder Räuchermehl (z. B. Eiche oder Apfel) nachlegen. Wenn der Fisch auf dem Rost geräuchert wird, muss er nicht gewendet werden. Der geräucherte Fisch sollte eine trockene, feste, fast ledrige und leicht gebräunte Oberfläche haben. Den Fisch aus dem Ofen nehmen und auf dem Rost beiseitestellen. Anschließend häuten und in dünne Scheiben schneiden.

Den Jasminreis nach Packungsanleitung kochen, dazu Matcha ins Kochwasser geben. Die Kokosnuss öffnen, das Wasser auffangen und das Fruchtfleisch reiben.

Den Reis mit geriebener Kokosnuss und etwas Kokoswasser mischen und auf Schalen verteilen. Geräucherten Thunfisch darauflegen, anschließend Frühlingszwiebeln und Radieschen darübergeben. Alles mit Algen und Furikake bestreuen und mit Chipotle-Creme toppen. Mit einer Salsa nach Wunsch servieren.

TAKO-POKE

Neben Ahi-Poke gehört Tako-Poke zu den Favoriten der Hawaiianer. Wenn der Oktopus (Tako) mariniert und mit den Poke-Zutaten kombiniert wird, geschieht etwas Magisches. Wer es einmal probiert hat, weiß, wovon ich spreche. Es gibt viele Varianten des Gerichts, aber dieses Rezept mit der frischen Zitrusmarinade ist das authentischste. Ich serviere es am liebsten mit meiner Tomatillo-Salsa oder gehackten Chilis.

FÜR 4 PORTIONEN

500 g Oktopusfleisch (roh oder gegart gekauft)
ggf. 1 EL Weißweinessig
250 g Sushi-Reis (s. S. 15)
2 EL Shoyu (Sojasoße)
1 TL Sesamöl
2 Frühlingszwiebeln, in feine Ringe geschnitten
150 g Radieschen, in feine Scheiben geschnitten
1 kleine rote Zwiebel, fein gewürfelt
Tomatillo-Salsa (s. S. 132)

FÜR DIE MARINADE

frisch gepresster Saft von 1 Limette
1 daumengroßes Stück Ingwer, gerieben
4 Knoblauchzehen, gehackt

ZUM SERVIEREN

2 EL Algen
2 EL Tobiko (Fischrogen)
1 TL Furikake (japanische Würzmischung)
2 EL Edamame-Bohnen
2 EL eingelegter Ingwer (s. S. 139)

Rohes Oktopusfleisch ca. 1 Std. in einem Topf mit Wasser und Essig köcheln lassen. Anschließend aus dem Kochwasser nehmen und auskühlen lassen.

Die Zutaten für die Marinade in einer Schüssel verrühren. Den Oktopus in mundgerechte Stücke schneiden, mit der Marinade vermischen und mind. 1 Std. ziehen lassen.

Den Sushi-Reis zubereiten.

Vor dem Servieren die Oktopusstücke mit Shoyu und Sesamöl vermischen und Frühlingszwiebeln, Radieschen und rote Zwiebel untermengen.

Den Reis auf Schalen verteilen, die Oktopusmischung zugeben und Toppings nach Wunsch zufügen. Mit Tomatillo-Salsa servieren.

TRI-TIP-POKE

Ein Tri-Tip-Steak besteht aus besonders zartem und saftigem Rindfleisch aus der Hüfte und wird in Santa Barbara gern beim Barbecue verwendet. Durch die beim Grillen entstehenden Raucharomen wird daraus ein ganz besonderes Poke.

FÜR 6 PORTIONEN

1,5 kg Tri-Tip-Steaks (alternativ Steaks aus der Oberschale)

FÜR DIE TROCKENMARINADE
1 EL Kreuzkümmel
1 EL Koriandersamen
1 TL geräuchertes Paprikapulver
1 ½ EL Salz

FÜR DIE PINTOBOHNEN
3 Scheiben durchwachsener, geräucherter Bacon (Frühstücksspeck), gewürfelt
150 g geräucherter Kochschinken, gewürfelt
400 g gehackte Tomaten (Dose)
3 Knoblauchzehen, gehackt
2 TL dunkle Sojasoße
2 TL Ketjap Manis (süße Sojasoße)
1 TL Chipotle-Paste
1 TL geräuchertes Paprikapulver
400 g Pintobohnen (Dose, alternativ schwarze Bohnen), abgetropft und abgespült

ZUM SERVIEREN
250 g Grünkohl, fein gehackt
Pico de Gallo (s. S. 134)
Rote Salsa (s. S. 135) oder Kalua-Chipotle-Ketchup (s. S. 136)

Für die Trockenmarinade Kreuzkümmel und Koriandersamen in einer Pfanne anrösten und anschließend im Mörser grob mahlen. Mit geräuchertem Paprikapulver und Salz vermischen und das Fleisch damit einreiben.

Das Fleisch langsam über heißer Holzkohle oder Holz indirekt grillen. Dazu Holzkohle oder Holz in der Mitte des Grills anfeuern und, sobald sich Glut entwickelt, auf die eine Seite des Grills schieben. Das Fleisch auf der anderen Seite des Grills auf den Rost legen. Den Deckel (am besten mit Löchern zum Öffnen) auflegen. Tri-Tip-Steaks mind. 2 Std. grillen, dabei ggf. Holz oder Holzkohle nachlegen. Das Fleisch sollte eine schöne Kruste bekommen und in der Mitte „medium" sein.

Alternativ den Backofen auf 220 °C vorheizen und das Fleisch auf einem Backblech 15 Min. braten. Anschließend locker mit Alufolie abdecken, die Temperatur auf 180 °C reduzieren und die Steaks weitere 30 Min. braten, bis sie innen „medium" sind, dabei von Zeit zu Zeit mit Bratensaft beträufeln. Gegen Ende der Garzeit die Folie entfernen und die Temperatur auf Maximum stellen, bis die Oberfläche braun wird.

Für die Pintobohnen eine große Pfanne erhitzen und darin Speck und Schinken anbraten. Die restlichen Zutaten bis auf die Bohnen zugeben. Die Temperatur reduzieren und alles 20 Min. köcheln lassen. Die Bohnen und 500 ml Wasser zugeben und weitere 20 Min. köcheln.

Das Fleisch in 1 cm große Würfel schneiden. Den Grünkohl in die Schalen geben, dann Bohnen und Fleisch zufügen. Pico de Gallo darübergeben und das Poke mit Roter Salsa oder Kalua-Chipotle-Ketchup servieren.

AUBERGINEN-POKE MIT MÖHRENSALAT

Es gibt zahlreiche Verbindungen zwischen hawaiischer und japanischer Kochkultur. Nachdem ich einmal mit einem großartigen japanischen Küchenchef in dessen Restaurant kochen durfte, hatte ich zahlreiche neue Ideen für Pokes, darunter auch dieses Rezept, das an das japanische Gericht Nasu Dengaku angelehnt ist. Es ist weniger typisch für die hawaiische Küche, aber das Ergebnis ist ein schönes Fusion-Gericht, das für sich spricht.

FÜR 4 PORTIONEN ALS VORSPEISE

250 g Sushi-Reis (s. S. 15)
125 g Demerara- oder Turbinado-
    Zucker
900 g Auberginen, in 2 cm große
    Würfel geschnitten
4 Schalotten, in Ringe geschnitten
2 Knoblauchzehen, fein gehackt
1 ½ TL grüne Pfefferkörner, zerstoßen
75 ml Sojasoße
1 Handvoll Grünkohl, gehackt
1 Handvoll Koriandergrün, gehackt
1 Frühlingszwiebel, in feine Ringe
    geschnitten
gemischte Sesamsamen zum Bestreuen
essbare Blüten zum Dekorieren nach
    Wunsch

FÜR DEN MÖHRENSALAT

3 Frühlingszwiebeln, diagonal in lange
    Ringe geschnitten
200 g Möhren, fein gerieben
1 EL Demerara- oder Turbinado-
    Zucker
¼ TL Salz
1 EL kochendes Wasser
frisch gepresster Saft von 1 großen
    Limette
1 TL Reisessig

Für den Möhrensalat Frühlingszwiebeln und geriebene Möhren vermengen. Zucker und Salz in einem Schälchen im kochenden Wasser auflösen. Limettensaft und Essig einrühren und das Dressing mit der Möhren-Frühlingszwiebel-Mischung vermengen. Beiseitestellen.

Den Sushi-Reis zubereiten.

Den Zucker in einem großen Wok bei hoher Temperatur ca. 5 Min. karamellisieren, dabei den Wok leicht schwenken. Wenn der Zucker an den Rändern bernsteinfarben wird und nach Karamell riecht, den Wok noch einmal schwenken, danach Auberginen und Schalotten zufügen und 2 Min. köcheln lassen. Dann die Hitze reduzieren, Knoblauch und grünen Pfeffer zufügen und 2 Min. rösten. Die Sojasoße zugeben, alles locker mit Alufolie abdecken und ca. 7 Min. köcheln lassen, bis die Soße eindickt.

Zum Servieren Möhrensalat, Auberginenmischung, Grünkohl und Reis auf Schalen verteilen und mit Koriander, Frühlingszwiebel und Sesam bestreuen. Nach Belieben mit Blüten dekorieren.

TIPP
Für noch mehr Japan-Feeling 1 TL weiße Misopaste in den Wok geben, bevor die Sojasoße zugefügt wird.

POKE-BURRITOS MIT AGUACHILE-GARNELEN

Eins meiner Lieblingsrestaurants in Südkalifornien hat dieses Gericht auf seiner Speisekarte zur Happy Hour. Es passt perfekt zur Margarita. Die mexikanische Version des peruanischen Ceviche wird mit Garnelen zubereitet, die in einer feurig scharfen Aguachile-Soße mariniert werden. Für Picknicks oder unterwegs sind die fertig gefüllten Burritos ideal. Alternativ kannst du die Soße und die Toppings auch zum Selbstzusammenstellen extra servieren.

FÜR 4 PORTIONEN

250 g Sushi-Reis (s. S. 15)
Garnelen-Poke (s. S. 40)
1 rote Zwiebel, in hauchdünnen
   Ringen
Salz
4 Weizentortillas
1 große Gurke, geschält, entkernt und
   1 cm groß gewürfelt
2 Avocados, in Scheiben geschnitten
1 Handvoll Koriandergrün, gehackt
2 grüne Chilischoten, in Ringe
   geschnitten
frisch gepresster Saft von 1 Limette

FÜR DIE AGUACHILE-SOSSE

frisch gepresster Saft von 3 Limetten
frisch gepresster Saft von 1 Zitrone
4 rote Chilischoten
Salz
1 rote Zwiebel
1 Handvoll Koriandergrün
ca. 175 ml Kokoswasser

Den Sushi-Reis zubereiten.

Für die Aguachile-Soße Limetten- und Zitronensaft, Chilis, ½ TL Salz, rote Zwiebel und Koriander in den Mixer geben und pürieren. Dann in einer Schüssel mit etwa derselben Menge Kokoswasser verrühren und wenn nötig mit Salz abschmecken.

Garnelen-Poke nach Rezept zubereiten. Die Zwiebelringe auf einem Teller verteilen und mit Salz würzen. 10 Min. ziehen lassen und anschließend mit Küchenpapier trocken tupfen.

Jeweils eine Tortilla auf einen Teller legen, Reis und Garnelen-Poke in die Mitte geben, dann Aguachile-Soße, Zwiebelringe, Gurke, Avocado, Koriander, grüne Chili und 1 Spritzer Limettensaft zufügen. Die Tortillas wie einen Burrito unten und an den Seiten nach innen klappen und anschließend von unten nach oben aufrollen. Für unterwegs in Frischhaltefolie wickeln.

TIPP

Anstelle von Reis kannst du auch in Streifen geschnittenen Romana-Salat verwenden.

POKE „SANTA BARBARA STYLE"

Als ich in Santa Barbara lebte, besorgten wir alle Zutaten für unser Poke im örtlichen Supermarkt. Dazu ein paar Tortilla-Chips und fertig war das leckere Frühstück nach dem Wellenreiten am Morgen. Das war Beach-Kultur in ihrer besten Form. Man braucht dazu nur etwas frischen Fisch, der roh gegessen werden kann. Alternativ kann man ihn auch in eine Ceviche-Marinade einlegen. Dieses Rezept schmeckt am besten mit Tortilla-Chips oder warmen Mais-Tortillas.

FÜR 4 PORTIONEN

500 g sehr frisches weißes Fischfilet
  (z. B. Heilbutt), rohe Garnelen,
  geschält, oder Hummerfleisch aus
  Schwanz und Scheren
2 TL Yuzu-Saft
2 EL Shoyu (Sojasoße)
frisch gepresster Saft von 1 Zitrone
frisch gepresster Saft von 1 Limette

ZUM SERVIEREN

2 TL Furikake (japanische Würzmischung)
1 Handvoll frittierte Schalotten
  (s. S. 137)
1 rote Zwiebel, in feine Ringe
  geschnitten
2 Jalapeños, fein gewürfelt
1 Handvoll Koriandergrün, gehackt
Tortilla-Chips oder kleine Mais-Tortillas

Fisch, Garnelen oder Hummerfleisch in mundgerechte Würfel schneiden. Mit Yuzu, Shoyu und einem Spritzer Zitronensaft in einer Schüssel vermengen, wenn der Fisch oder die Meeresfrüchte roh gegessen werden sollen. Für eine Marinade im Ceviche-Stil Zitronen- und Limettensaft zu gleichen Teilen mischen und Fisch oder Meeresfrüchte darin 30 Min. ziehen lassen. Anschließend aus der Marinade nehmen und die Marinade entsorgen.

Den Fisch auf einer großen Platte mit Furikake, frittierten Schalotten, roten Zwiebelringen, Jalapeño-Würfeln und gehacktem Koriander anrichten. Mit Tortilla-Chips oder warmen Mais-Tortillas servieren.

POKE NACHOS

Die Island-Poké-Filiale in Broadgate befindet sich im Herzen Londons. Unsere farben-frohen Gerichte bilden dort einen schönen Kontrast zu der etwas grauen Umge-bung. Poke Nachos sind dort eins der beliebtesten Gerichte auf der Karte. Während Nachos normalerweise mit irgendeinem Dip zum Bier gegessen werden, hebt dieses Poke sie auf eine andere Ebene. Das Rezept ist perfekt für ein Treffen mit Freunden. Ich trinke dazu am liebsten ein hawaiisches Bier, z. B. ein „Big Wave" der Kona Brewing Company.

FÜR 3 PORTIONEN ALS SNACK
Je 1 Portion Poke nach Wunsch:
Klassisches Ahi-Poke (s. S. 12)
Garnelen-Poke (s. S. 40)
Yuzu-Lachs-Poke (s. S. 18)
Tortilla-Chips

ZUM SERVIEREN
Pico de Gallo (s. S. 134)
Tomatillo-Salsa (s. S. 132)
Rote Chili-Salsa (s. S. 133)
Jalapeño-Ringe und Radieschen-
   sprossen zum Garnieren

Je 1 Portion Ahi-Poke, Garnelen-Poke und Yuzu-Lachs-Poke sowie die entsprechenden Salsas zubereiten. Die verschie-denen Poke jeweils in die Mitte einer großen Servierplatte geben. Die Tortilla-Chips drum herum anrichten. Alles mit Jalapeño-Ringen und Radieschensprossen garnieren. Dazu die Salsas in Schälchen servieren.

INARI-POKE

Dies ist ein großartiges Gericht, das ich in ähnlicher Form mal in einem japanisch-amerikanischen Straßenimbiss in Seattle gegessen und hier etwas abgewandelt habe. Das Poke wird in Tofutaschen (Inari-Wraps) und mit japanischen Toppings serviert. Als Fingerfood für Partys können die Tofutaschen mit drei verschiedenen Poke gefüllt werden.

FÜR 4 PORTIONEN

250 g Sushi-Reis (s. S. 15)
12 Tofutaschen (Inari-Wraps)
200 g klassisches Ahi-Poke (s. S. 12)
200 g Garnelen-Poke (s. u.)
200 g Poke mit geräuchertem
   Albacore (s. S. 27)

FÜR DAS GARNELEN-POKE

500 g sehr frische rohe Garnelen
frisch gepresster Saft von 1 Limette
2 TL Yuzu-Saft
2 EL Koriandersamen
1 rote Zwiebel, in dünne Ringe
   geschnitten
2 EL Shoyu (Sojasoße)
1 TL Chia-Samen
1 TL zerbröselte Nori-Blätter

ZUM SERVIEREN

2 EL Tobiko (Fischrogen)
2 EL zerbröselte Nori-Blätter
3 EL Seidentofu
3 Frühlingszwiebeln, in feine Ringe
   geschnitten
Sriracha-Soße
3 kleine Chilischoten, fein gewürfelt

Den Sushi-Reis zubereiten.

Für das Garnelen-Poke die rohen Garnelen schälen, vom Darm befreien, in einer Schüssel mit Limetten- und Yuzu-Saft vermengen und 30–60 Min. marinieren. Die Koriandersamen in einer Pfanne ohne Fett unter Rühren anrösten; aufpassen, dass sie nicht anbrennen. Im Mörser grob mahlen. Zusammen mit der roten Zwiebel während der letzten 15 Min. zur Marinade geben. Vor dem Servieren mit Shoyu, Chia-Samen und Nori vermengen.

Die Tofutaschen zu kleinen Schälchen formen. Jeweils etwas Sushi-Reis auf dem Boden verteilen, Fisch-Poke nach Wahl und Garnelen-Poke darübergeben. Tobiko, Nori, etwas Tofu und zuletzt Frühlingszwiebeln daraufgeben.

Als Fingerfood zusammen auf einer Platte oder drei verschiedene Inari-Poke auf je einem kleinen Teller servieren. Mit Sriracha-Soße und Chilis servieren.

TIPP

Die Mengenangaben beim Garnelen-Poke beziehen sich auf 4 Portionen als Hauptgericht. Wenn es für das Inari-Poke verwendet wird, die Mengen halbieren.

POKE-TACOS

Wenn Hawaii und Südkalifornien eine kulinarische Liaison eingehen, wird daraus etwas ganz Besonderes. Die geheime Zutat, die den Unterschied ausmacht, ist die weiche Maistortilla. Die Tortillas aus Masa Harina, einem speziellen Maismehl, selbst zu backen, lohnt sich. Man kann aber natürlich auch fertige Tortillas verwenden. Die Poke-Tacos schmecken am besten mit mehreren Salsas, Avocado und Jalapeños.

FÜR 4 PORTIONEN
Je 1 Portion Poke nach Wunsch:
Klassisches Ahi-Poke (s. S. 12)
Garnelen-Poke (s. S. 40)
Yuzu-Lachs-Poke (s. S. 18)
2 Avocados, in Scheiben geschnitten
frisch gepresster Saft von 1 Limette
1 Handvoll Koriandergrün, gehackt
2 Jalapeños, in dünne Ringe
 geschnitten

FÜR 8–12 TORTILLAS
75 g Masa Harina (spezielles Maismehl
 für die Herstellung von Tortillas)
1 Prise Salz

ZUM SERVIEREN
Pico de Gallo (s. S. 134)
Tomatillo-Salsa (s. S. 132)
Rote Chili-Salsa (s. S. 133)

Je 1 Portion Ahi-Poke, Garnelen-Poke und Yuzu-Lachs-Poke sowie die Salsas zum Servieren zubereiten. Die Avocados mit etwas Limettensaft beträufeln.

Für die Tortillas Masa Harina und Salz mit 50 ml Wasser in einer Schüssel zu einem geschmeidigen Teig verkneten. Ist der Teig zu trocken, noch etwas Wasser zugeben. Ist er zu klebrig, etwas mehr Masa Harina einarbeiten. Den Teig in Frischhaltefolie gewickelt 15 Min. kalt stellen. Anschließend den Teig in 8 (für Tortillas mit 15 cm ø) oder 12 (für Tortillas mit 10 cm ø) gleich schwere Portionen teilen. Die Teiglinge zu Kugeln formen und 15 Min. ruhen lassen.

Die Teiglinge in einer Tortillapresse oder zwischen zwei Lagen Frischhaltefolie mit dem Teigroller zu 3 mm dünnen Kreisen ausrollen. Eine beschichtete Pfanne bei hoher Temperatur erhitzen. Die Tortillas nacheinander ohne Fett in der Pfanne einige Minuten auf jeder Seite backen, bis die Oberfläche Blasen bildet, aber nicht schwarz wird. Die fertigen Tortillas in einer zweiten Pfanne warm halten.

Die warmen Tortillas in der Pfanne sowie Poke, Avocados, Koriandergrün, Jalapeños und Salsas in Schalen auf den Tisch stellen, sodass jeder seinen Taco selbst zusammenstellen kann.

TIPP
Mit kleinen Tortillas kann man mehrere verschiedene Poke-Tacos zusammenstellen. Bei den größeren Tortillas rechnet man zwei pro Person.

REGIONALE
KLASSIKER

LIEBLINGSGERICHTE AUS HAWAII

PIPIKAULA

Der Name Pipikaula bedeutet übersetzt Rindfleischstreifen. In den Delikatessenläden findet man diese hawaiische Version des Beef Jerky neben den anderen Zutaten für Poke. Pipikaula ist jedoch saftiger und zarter als die für gewöhnlich harten und ledrigen Beef-Jerky-Streifen und ein typisches Essen zum Luau-Fest oder ein kleiner Snack (Pupu) für den Strand.

**FÜR CA. 1,5 KG
RINDFLEISCHSTREIFEN**

1,8 kg Flanksteaks
helle Sesamsamen
Frühlingszwiebeln, in feine Ringe
   geschnitten

FÜR DIE MARINADE
235 ml Sojasoße
120 ml Sake (Reiswein; alternativ
   trockener Sherry)
2 EL Flüssigrauch (Liquid Smoke)
2 EL brauner Rohrzucker (alternativ
   Demerara- oder Turbinado-Zucker)
2 TL Meersalzflocken
¼ TL frisch gemahlener schwarzer
   Pfeffer
1 EL frisch gehackter Ingwer
2 Knoblauchzehen, fein gehackt
2 rote Chilschoten, von Samen
   befreit und fein gehackt

Die Steaks mit einem Fleischklopfer etwas plattieren. Anschließend in 4 cm breite Streifen schneiden.

Die Zutaten für die Marinade in einer großen Schüssel verrühren. Die Fleischstreifen zugeben und mit der Marinade vermengen. Mit Frischhaltefolie abdecken und 24 Std. kalt stellen, dabei die Streifen öfter wenden.

Das Fleisch herausnehmen, die Marinade entsorgen. Ein Backblech mit Backpapier auslegen und einen Gitterrost daraufstellen. Die Fleischstreifen flach nebeneinander auf den Rost legen und im Backofen bei 80 °C 7–8 Std. trocknen. Alternativ kannst du das Fleisch auch im Dörrgerät trocknen.

Zum Servieren die Fleischstücke in 1 cm breite Streifen schneiden und mit Sesamsamen und Frühlingszwiebeln bestreuen. Auf einer großen Platte servieren und im Pupu-Style mit Freunden mit Stäbchen essen.

TIPPS
Für ein etwas tropischeres Aroma die Sojasoße durch 235 ml Ananassaft ersetzen.

Das getrocknete Fleisch hält sich im luftdicht verschlossenen Behälter bis zu 5 Tage im Kühlschrank oder im Gefrierbeutel 6–8 Monate im TK-Fach.

MAHI MAHI MIT ZITRONE UND KAPERN

Mahi Mahi, wie die Gemeine Goldmakrele im pazifischen Raum genannt wird, ist nach Ahi der zweitbeliebteste Fisch auf Hawaii. Die Konsistenz und Textur des Fleisches ähnelt dem weißen Thun- oder Schwertfisch. Dieses Gericht findet man auf sämtlichen Speisekarten Hawaiis, egal ob in den beliebten Foodtrucks oder in den Restaurants der Luxushotels. Es erinnert ein wenig an Piccata alla milanese, ein dünnes Kalbsschnitzel mit einer Soße aus Butter, Zitrone und Kapern. Die Süditaliener verwenden statt Kalb auch gerne frischen Fisch. Wie auch immer – dieses köstliche Gericht schmeckt nicht nur fantastisch, sondern eignet sich auch gut, um Gäste zu beeindrucken.

FÜR 2 PORTIONEN

2 Mahi-Mahi-Filets (alternativ
   Schwertfisch- oder Wolfsbarschfilets)
60 g Mehl
3 EL Olivenöl
45 g Butter
Hawaii-Salz
frisch gemahlener schwarzer Pfeffer
4 EL frisch gepresster Zitronensaft
2 EL Kapern (aus dem Glas),
   abgetropft
2 EL gehackter Knoblauch

ZUM SERVIEREN

gedämpfter weißer Reis, Salatblätter
   oder Brotfruchtpüree (s. S. 128)
Zitronenscheiben und Radieschensprossen zum Garnieren

Die Fischfilets in ca. 5 x 8 cm große Stücke schneiden. Mehl auf einen Teller geben und die Fischstücke von allen Seiten darin wenden; überschüssiges Mehl abschütteln.

Das Öl in einer Pfanne bei mittlerer Temperatur erhitzen. Die Butter zufügen und zerlassen, bis sie leicht schäumt. Den Fisch in die Pfanne geben und in ca. 5 Min. auf jeder Seite goldbraun braten. Die Fischstücke herausnehmen und auf Küchenpapier abtropfen lassen, mit Salz und Pfeffer würzen und warm halten. Die Butter und das Öl in der Pfanne lassen.

Zitronensaft, Kapern und Knoblauch in die Pfanne geben und verrühren. Bei niedriger Temperatur köcheln lassen, bis der Knoblauch weich ist.

Den Fisch nach Wunsch auf einem Bett aus Reis, Salat oder Brotfruchtpüree mit der Zitronen-Kapern-Soße servieren. Mit Zitronenscheiben und Radieschensprossen garnieren.

TIPP
Die Soße passt auch gut zu Hühnchen oder Garnelen. Dazu schmeckt Pasta, z. B. Linguine.

AHI KATSU

Wie viele andere beliebte Gerichte auf Hawaii hat auch Ahi Katsu japanische Wurzeln.
Auf den Inseln ist es ein Alltagsessen. Diese Version mit dem Nori-Blatt-Mantel,
der für noch mehr Umamigeschmack sorgt, ist etwas ausgefallener als das einheimi-
sche Original. Das Rezept kann aber genauso gut ohne Nori-Blätter und mit Schweine-
fleisch, Hähnchenbrust, Tintenfisch oder einem anderen Fisch wie Mahi Mahi,
Kabeljau oder Heilbutt anstelle von Ahi zubereitet werden.

FÜR 12 PORTIONEN

900 g Ahi-Filet
1 EL Salz
1 EL frisch gemahlener schwarzer
   Pfeffer
130 g Mehl
4 Eier
100 g Panko-Paniermehl
8 Nori-Blätter
Pflanzenöl zum Braten

FÜR DIE SOSSE
100 ml helle Shoyu (Sojasoße)
2 EL Senfpulver, mit etwas Wasser als
   Paste angerührt
225 g Mayonnaise

ZUM SERVIEREN
gedämpfter weißer Reis
Furikake (japanische Würzmischung)
gemischte Sesamsamen

Den Fisch in 18 cm lange und je 2,5 cm hohe und breite Streifen schneiden.

In einer flachen Schale Salz, Pfeffer und Mehl mischen. In einer zweiten Schale die Eier mit einer Gabel verquirlen. In die dritte Schale das Paniermehl geben.

Die Fischstücke jeweils in ein Nori-Blatt einwickeln. Die Ränder der Nori-Blätter mit etwas Wasser ankleben. Die eingewickelten Fischstücke zunächst in der Mehlmischung wenden, danach in die Eiermischung tauchen und zum Schluss von allen Seiten im Paniermehl wälzen.

Die Päckchen in einer heißen Pfanne mit Öl bei mittlerer Hitze in 2–3 Min. pro Seite gleichmäßig goldbraun braten. Herausnehmen und auf Küchenpapier abtropfen lassen. Anschließend in Scheiben aufschneiden.

Für die Soße Shoyu, Senfpaste und Mayonnaise in einer Schüssel verrühren. Den Fisch mit Soße, gedämpftem Reis, Furikake und Sesam servieren.

HAWAIISCHE LEBENSART

Kein Zweifel, Hawaii ist ein magischer Ort. Die Inseln sind vulkanischen Ursprungs und die beeindruckenden Berge, die „Mauna", dominieren die Landschaft. Jede Insel ist ein Mikrokosmos, wobei es im Süden und Westen in der Regel heißer und trockener, im Norden und Osten windiger, regnerischer und das Gelände üppiger bewachsen ist. Man ist auf den Inseln niemals weit von den Bergen oder dem Meer entfernt. Und je näher man den Bergen kommt, desto kühler, grauer und feuchter wird es.

Dass die Inseln von dem riesigen Pazifischen Ozean umgeben sind, hat und hatte einen großen Einfluss auf die Einheimischen. Fisch und Oktopus waren schon immer Grundnahrungsmittel auf dem hawaiischen Speiseplan. Dennoch wissen die Insulaner, dass sie die Ressourcen sowohl im Wasser als auch an Land pflegen müssen, um sie in einem gesunden Gleichgewicht zu halten. Überall auf den Inseln wurden aus Lavasteinen Fischteiche angelegt, in denen sich junge Fische geschützt entwickeln können. So wurde gewährleistet, dass die Fischgründe reich blieben und sich die Einheimischen immer nehmen konnten, was sie brauchte.

Die Hawaiianer haben viele verschiedene Arten zu fischen. Netze auswerfen ist eine der traditionelleren Methoden. Dabei pirscht der Fischer durch seichtes Wasser, bis er einen Schwarm Fische entdeckt. Er wirft daraufhin sein Netz in die Luft, sodass es von oben auf dem Wasser landet. Anschließend zieht er das Netz mitsamt den darin gefangenen Fischen wieder heraus. Manchmal versammeln sich die Einwohner ganzer Dörfer mit ihren Kindern (Keiki) am Strand, um die riesigen Fischernetze vor der Küste einzuholen. Der bei einem solchen „Hukilau" erzielte Fang wird unter den beteiligten Familien aufgeteilt.

Angelhaken wurden traditionell aus Knochen, Muschelschalen oder Holz gefertigt. Angelschnur und Netze wurden seit jeher aus Fasern der einheimischen Olona-Pflanze, einer Verwandten der Brennnessel, hergestellt. Um in tieferen Gewässern zu fischen, wurden früher Netze von Kanus (Wa'a) aus geworfen. Heute wirft man Angeln oder Netze

von allen möglichen Booten aus, darunter auch Kajaks oder Stand-up-Paddling-Boards. Auch Speerfischen oder andere Netztechniken werden noch immer zum Fischfang verwendet.

Fischen spielt ebenso wie andere Wasseraktivitäten, darunter die wohl bekannteste – das Surfen –, eine bedeutende Rolle im Alltag der Einheimischen. Der Tag beginnt oft mit einem Spam Musubi (s. S. 71), Kona-Kaffee und einem kurzen Gang zum nächstgelegenen Strand, um das Wasser zu prüfen – liebevoll „Surf Check" oder „Dawn Patrol" genannt. Je nach Gezeitenstand, Dünung, Wellen, Wind und Wetter entscheidet man dann, mit welcher Aktivität der Tag beginnt. Wenn die Wellen gut sind, geht man zum Strand, um zu surfen oder anderen beim Wellenreiten zuzuschauen. Wenn das Wasser ruhig ist, entscheidet man sich vielleicht für Stand-up-Paddling oder Schnorcheln. Wenn bei Vollmond viele Quallen im Wasser sind, bricht man zu einer Wasserfallwanderung auf.

Die meisten Hawaiianer stehen frühmorgens, manchmal vor Tagesanbruch, auf und gehen recht zeitig ins Bett – außer wenn sie feiern, und das tun sie sehr gern. Sie sind im Einklang mit der Natur, und es gibt keinen Zweifel, dass „Mama Honua" (Mutter Natur) der Boss ist. Hawaiianer haben einen gesunden Respekt vor ihrer Umgebung und wissen, dass ein Tsunami, ein Hurrikan oder ein Vulkanausbruch sie von einem Augenblick auf den anderen treffen kann. Daher leben sie für den Moment und bringen ihren wunderschönen Inseln sehr viel Wertschätzung entgegen. Mir fällt auf, dass Hawaiianer auf die Frage, wie es ihnen geht, immer mit „Großartig!", „Fantastisch!" oder „Wunderbar!" antworten. In London höre ich im Gegensatz dazu meist nur ein „Okay" oder „Ganz gut". Das ist einer der Gründe dafür, der mich nach wie vor für Island Poké erwärmt – der positive Effekt, den unser Essen auf die Stimmung hat. Es ist eine große Ehre, das Geschenk des Aloha zu teilen und mit so etwas Einfachem wie einer Poke Bowl einem Menschen ein Lächeln ins Gesicht zu zaubern.

FISCH MIT SESAM UND INGWER

Bei diesem einfachen Rezept ist die Marinade der Star. Die Kombination aus gerösteten Sesamsamen, süßem Honig und salzigem Shoyu schmeckt einfach unvergleichlich lecker. Wenn du magst, kannst du auch etwas mehr Marinade zubereiten und sie mit Mayonnaise zu eine Sauce tartare im Hawaii Style mischen. Die Soße passt auch gut zu Hühnchen, Aubergine oder Garnelen.

FÜR 4 PORTIONEN

450 g Fischfilet (z. B. Lachs oder
    Heilbutt)
Pflanzenöl zum Braten
1 Bund Frühlingszwiebeln, das Grün in
    feine Ringe geschnitten
1 TL geröstete Sesamsamen

FÜR DIE MARINADE
1 EL fein gehackter Ingwer
1 EL Sesamsamen
2 EL Honig
2 EL Shoyu (Sojasoße)
frisch gemahlener schwarzer Pfeffer

ZUM SERVIEREN
eingelegter Ingwer (s. S. 139)
gedämpftes grünes Gemüse
gedämpfter weißer Reis

Für die Marinade alle Zutaten in einer kleinen Schüssel verrühren. Den Fisch großzügig mit der Marinade bepinseln.

Eine Grill- oder Bratpfanne oder den Grillrost mit Pflanzenöl einpinseln. Die Fischfilets hinein- oder darauflegen und bei mittlerer Hitze je nach Filet einige Minuten auf jeder Seite braten bzw. grillen.

Mit Frühlingszwiebeln und gerösteten Sesamsamen bestreuen. Sofort mit eingelegtem Ingwer, gedämpftem grünem Gemüse und weißem Reis servieren.

TUTU'S SŌMEN-SALAT

„Tutu" bedeutet Großmutter auf Hawaiisch und Sōmen sind sehr dünne japanische Fadennudeln aus Weizenmehl. Der Salat ist einfach zuzubereiten und wird gern zum Barbecue oder Luau-Fest serviert. Ganz im Island Style bietet das Rezept viel Raum dafür, die Zutaten nach Belieben durch gebratenes Fleisch oder Gemüse zu ergänzen oder zu ersetzen.

FÜR 6 PORTIONEN ALS VORSPEISE ODER BEILAGE

250 g Sōmen-Nudeln

1 Romana-Salatkopf, in Streifen geschnitten

1 Möhre, gerieben

1 große Gurke, entkernt und in feine Streifen geschnitten

200 g Kamaboko (Surimi), aufgeschnitten

200 g Kochschinken, in Streifen geschnitten

1 Omelett, in 1 cm breite Streifen geschnitten

Furikake (japanische Würzmischung)

FÜR DIE SOSSE

120 ml Sojasoße

120 ml Hühnerbrühe

100 g Zucker

60 ml Reisessig

2 EL Sesamöl

Die Sōmen-Nudeln nach Packungsanleitung kochen, kalt abschrecken, abtropfen und auf einer Platte auskühlen lassen.

Die Zutaten für die Soße in einem Topf vermischen und aufkochen. Die Hitze reduzieren und alles weitere 5 Min. köcheln. Vom Herd nehmen und auskühlen lassen.

Salat, Möhre und Gurke auf die Nudeln geben. Kamaboko, Schinken und Omelettstreifen darauf verteilen. Die Soße über den Salat geben und alles mit Furikake bestreuen.

TIPPS

Der Salat schmeckt auch gut mit eingelegtem Gemüse, etwa einer Kombination aus eingelegtem Ingwer, Gurke und Scotch Bonnets (karibische Chilis, s. S. 139).

Anstelle des Schinkens kannst du auch Salami, gebratene Hähnchenbrust, Bacon oder geräucherten Fisch verwenden. Wenn es etwas mehr Gemüse sein soll, passen Brokkoli, Spargel oder grüne Bohnen, klein geschnitten und gedämpft, oder auch Mais sehr gut.

Kamaboko kannst du durch Shrimps-Imitat ersetzen.

AUNTYS FISCHFRIKADELLEN

Die Hawaiianer sind wie eine große Familie, und jede Frau, die älter ist als man selbst, wird Aunty genannt. Diese kleinen Fischfrikadellen habe ich zum ersten Mal bei der Mutter eines Freundes gegessen. Sie verwendete einen Fisch, der in Hawaii Oio genannt wird. Stattdessen kann man aber auch gut Heilbutt oder Seezunge nehmen.

FÜR 8 FRIKADELLEN

3 Eier, leicht verquirlt
1 TL Salz
60 g Mehl
2 TL Backpulver
400 g Fischfilet (z. B. Heilbutt oder
   Seezunge), fein gehackt
6 Frühlingszwiebeln, in feine Ringe
   geschnitten
4 Wasserkastanien (Dose), fein gehackt
Pflanzenöl zum Braten

ZUM SERVIEREN
gedämpfter weißer Reis
gedämpfte Spinat- oder Kohlblätter,
   in Streifen geschnitten
schwarze Sesamsamen und Zitronenscheiben

Die verquirlten Eier in einer großen Schüssel mit Salz, Mehl und Backpulver verrühren. Fisch, Frühlingszwiebeln und Wasserkastanien zugeben und alles vermengen.

Das Öl in einer Pfanne mit schwerem Boden bei mittlerer Temperatur erhitzen. Die Frischmasse mit einem Esslöffel portionsweise ins heiße Öl geben und in ein paar Minuten auf jeder Seite ausbacken. Die Frikadellen sollten ca. 7 cm Durchmesser haben und nach dem Braten goldbraun sein.

Die Fischfrikadellen mit gedämpftem weißem Reis und Spinat oder Kohl servieren. Mit Sesam und Zitronenscheiben garnieren.

TIPPS

Anstelle des rohen Fischs kannst du auch gebratenen und mit der Gabel zerdrückten oder auch geräucherten Fisch verwenden. Die Wasserkastanien können durch ein anderes knackiges Gemüse wie Spargel, grüne Bohnen oder Mais ersetzt werden.

Die Frikadellen schmecken in Kokosöl gebraten besonders gut.

SHOYU CHICKEN

Fast jeder auf Hawaii liebt dieses Gericht, auch weil es so einfach zuzubereiten ist. Wie bei allen beliebten Rezepten gibt es auch hier viele verschiedene Versionen. Diese Variante mag ich besonders, denn in der Regel hat man alle benötigten Zutaten zu Hause. Die Kombination aus pikanter Sojasoße und Hähnchenfilet ergibt ein richtiges Wohlfühlessen. Die Einheimischen verwenden traditionell Hähnchenschenkel mit Haut und Knochen. Ich ziehe das Schenkelfleisch ohne Haut und Knochen vor und nehme zusätzlich Hähnchenbrust.

FÜR 6 PORTIONEN

450 g Hähnchenbrustfilet ohne Haut
450 g Hähnchenschenkel ohne Haut
  und Knochen

FÜR DIE MARINADE
235 ml Sojasoße
200 g brauner Zucker
1 EL Apfelessig
1 EL Worcestersauce
1 gehäufter EL fein gehackter Ingwer
1 gehäufter EL fein gehackter
  Knoblauch

ZUM SERVIEREN
gedämpfter weißer Klebreis
eingelegte Gurken (s. S. 139)
Frühlingszwiebeln, in feine Ringe
  geschnitten
Sesamsamen

Das Fleisch in mundgerechte Stücke schneiden und zusammen mit den Zutaten für die Marinade sowie 235 ml Wasser in einen großen oder zwei kleinere Gefrierbeutel geben. Beutel verschließen und das Fleisch mind. 8 Std. oder über Nacht im Kühlschrank marinieren.

Fleisch und Marinade herausnehmen und in einem Topf mit schwerem Boden bei hoher Temperatur aufkochen; dabei gelegentlich rühren, damit nichts anbrennt. Die Hitze reduzieren und alles abgedeckt 30 Min. köcheln lassen, bis das Fleisch durchgegart ist. Das Fleisch mit dem Schaumlöffel herausnehmen, auf eine Servierplatte geben und zum Warmhalten mit Alufolie abdecken.

Die Soße erneut aufkochen und dann bei geringer Hitze 10 Min. köcheln lassen, bis sie etwas eindickt. Vom Herd nehmen und 10 Min. abkühlen lassen.

Das Fleisch mit Klebreis servieren und die Soße darüberträufeln. Mit eingelegter Gurke, Frühlingszwiebeln und Sesamsamen garnieren.

TIPPS
Um die Soße etwas anzudicken, 1 EL Stärke mit etwas Wasser glatt rühren und in die köchelnde Flüssigkeit geben, nachdem das Fleisch entnommen wurde. Alternativ kann man das entnommene Fleisch grob hacken und zurück in die reduzierte Soße geben. Sofort servieren.

Dazu passt auch Rote Salsa (s. S. 135).

OKTOPUS-PUPU

Pupu nennt man auf Hawaii mundgerechte Häppchen. Sie werden meist als Vorspeisen auf einer Platte serviert. Poke, geräucherter Tako, Tintenfisch oder Sashimi sind typische Pupus. Die Pupu-Platte hat es als eine Art asiatische Vorspeisenplatte bis aufs amerikanische Festland geschafft und kann dort auch Chicken Wings, Nachos, Dim Sum, Shushi oder Rohkoststicks mit Dips enthalten.

FÜR 6 PORTIONEN ALS VORSPEISE

1 Oktopus
Hawaii-Salz
220–250 ml Bier
2 EL Shoyu (Sojasoße)
1 EL Sesamöl
2 TL Speisestärke
1 EL Zucker
geröstete Sesamsamen zum
   Garnieren

Den Oktopus putzen. Das Fleisch mit Hawaii-Salz einreiben und wiederholt mit dem Fleischklopfer plattieren, alternativ für 1 Monat einfrieren, damit es zart wird.

Den Oktopus in einem weiten, tiefen Topf mit reichlich Wasser je nach Größe ca. 30 Min. kochen, dabei nach 20 Min. mit einem Holzlöffel prüfen, ob das Fleisch gar ist. Es sollte weich und zart, aber noch druckfest sein. Nicht zu lange kochen, damit das Fleisch nicht hart und gummiartig wird.

Den garen Oktopus herausnehmen. Die schwarze Haut mit einem Löffel oder der Rückseite einer Messerklinge abkratzen. Das Fleisch anschließend in mundgerechte Stücke schneiden.

Das Bier in einer Pfanne aufkochen. Die Oktopusstücke zugeben und ca. 2 Min. köcheln lassen. Sobald die Flüssigkeit zum Großteil aufgesogen ist, Shoyu und Sesamöl zugeben. Die Stärke mit wenig Wasser glatt rühren und zugeben. Anschließend den Zucker zufügen. Alles ein paar weitere Minuten köcheln lassen.

Die Oktopushäppchen in einer flachen Schale servieren und mit gerösteten Sesamsamen garnieren. Mit Ess- oder Schaschlikstäbchen essen.

TIPP
Dazu passen Geröstete Mais-Salsa (s. S. 132), Ananas-Chili-Salsa (S. S. 134) und Rote Salsa (s. S. 135).

LACHS-SCHNITTEN MIT GUAVEN-PONZU

Traditionell versammelt man sich auf Hawaii nach dem Fischen zu einem Fish Fry. Dabei wird der fangfrische Fisch gebraten und mit zahlreichen Soßen und Dips gegessen. In diesem Rezept kombiniere ich Lachs mit einer fruchtigen Ponzu-Soße. Je nach Verfügbarkeit lässt es sich aber auch mit anderem Fisch oder Obstsaft zubereiten.

FÜR 120 ML SOSSE

FÜR DIE GUAVEN-PONZU
4 EL helle Sojasoße
3 EL Weißweinessig
frisch gepresster Saft von ½ Zitrone
1 TL Pflanzenöl
frisch gemahlener schwarzer Pfeffer
3 ½ EL Guavensaft (alternativ Yuzu- oder Ananassaft)

FÜR DEN FISCH
Lachsfilet (alternativ anderes Fischfilet), Menge nach Wunsch
Mochiko-Mehl zum Wenden (japanisches Klebreismehl; alternativ Speisestärke)
Pflanzenöl zum Braten

ZUM SERVIEREN
gedämpfter weißer Reis
gedämpftes Gemüse
Limettenspalten

Für die Guaven-Ponzu Sojasoße, Essig, Zitronensaft, Öl und Pfeffer in einer Schüssel mischen. Den Guavensaft unterrühren. Die Soße beiseitestellen.

Die Fischfilets in Mochiko-Mehl oder Stärke wenden; überschüssiges Mehl abschütteln. So viel Pflanzenöl in eine Pfanne geben, dass der Boden bedeckt ist, und erhitzen. Den Fisch portionsweise im heißen Öl je nach Größe 1–2 Min. auf jeder Seite braten.

Den Fisch mit dem Pfannenwender herausnehmen und auf Küchenpapier abtropfen lassen. Mit weißem Reis und gedämpftem Gemüse, der Guaven-Ponzu und Limettenspalten servieren.

LOCO MOCO

Dies ist ein typisches hawaiisches Gericht. Auf Big Island kurz nach dem Zweiten Weltkrieg entstanden, findet man es heute in allen möglichen Bars, Restaurants und Food Trucks quer über die Inseln. Loco Moco ist wahres Comfort Food, bestehend aus Reis, Frikadelle, Rührei und würziger Bratensoße. Am liebsten esse ich es sonntags zum entspannten Brunch im Island Style.

FÜR 4 PORTIONEN

FÜR DIE SOSSE

1 Zwiebel, in Ringe geschnitten
Pflanzenöl zum Braten
125 g Pilze, in Scheiben geschnitten
Salz
frisch gemahlener schwarzer Pfeffer
2 TL Sojasoße
500 ml Rinderbrühe
1 EL Speisestärke

FÜR DIE FRIKADELLEN

500 g Rinderhackfleisch
1 ½ EL Sojasoße
2 TL Worcestersauce
1/2 TL frisch gemahlener schwarzer
   Pfeffer
2 Knoblauchzehen, fein gehackt
Pflanzenöl zum Braten

ZUM SERVIEREN

500 g gedämpfter Calrose-Reis
   (mittelkörnig)
4 Spiegeleier
Frühlingszwiebeln, in feine Ringe
   geschnitten
frisch gemahlener schwarzer Pfeffer

Für die Soße die Zwiebel in einer großen Pfanne im Öl bei mittlerer Temperatur in ein paar Minuten goldbraun anschwitzen. Die Hitze etwas reduzieren und die Zwiebel bei niedriger Temperatur 10–15 Min. braten. Die Zwiebel aus der Pfanne nehmen und beiseitestellen.

Für die Frikadellen alle Zutaten bis auf das Öl in einer Schüssel vermengen. Die Masse zu vier gleich großen Frikadellen mit ca. 10 cm Durchmesser formen. Das Öl in der Pfanne von den Zwiebeln erhitzen und die Frikadellen darin auf jeder Seite in ca. 4 Min. braun braten. Aus der Pfanne nehmen und beiseitestellen.

In derselben Pfanne die Pilze bei mittlerer Hitze braten, bis sie etwas Farbe bekommen. Mit Salz und Pfeffer würzen. Die gebratenen Zwiebeln, Sojasoße und Rinderbrühe zugeben und alles aufkochen. Die Stärke mit 1 EL Wasser glatt rühren, zugeben und die köchelnde Soße unter Rühren in 1–2 Min. eindicken lassen. Mit Salz und Pfeffer abschmecken.

Zum Servieren den Reis auf vier Teller verteilen, eine Frikadelle (ganz oder aufgeschnitten) darauflegen und die Soße darübergeben. Zum Schluss das Spiegelei daneben platzieren und das Ganze mit Frühlingszwiebeln und Pfeffer bestreuen.

TIPP
Dazu passen eingelegte Shiitake (s. S. 140) und Kalua-Chipotle-Ketchup (s. S. 136).

SPAM MUSUBI

*Die Hawaiianer sind große Fans von Frühstücksfleisch, das in den USA „Spam"
genannt wird. Das zerkleinerte Fleisch aus der Dose ist überraschend lecker. In einer
Teriyaki-Soße karamellisiert, bekommt es einen süßen und rauchigen Geschmack,
der perfekt zum Calrose-Reis passt. Statt mit Spam kann man dieses Rezept auch
mit Shoyu Chicken (s. S. 63) oder Lachs-Schnitten (s. S. 67) zubereiten oder zwischen
Spam und Reis eine Schicht Omelett legen.*

FÜR 6 PORTIONEN

200 g Frühstücksfleisch (Dose)
Pflanzenöl zum Braten
3 EL Sojasoße
2 EL Mirin (Reiswein)
2 EL Zucker
300 g gekochter Calrose-Reis
(mittelkörnig) oder Sushi-Reis
(s. S. 15)
1 EL Furikake (japanische Würzmischung)
2 Nori-Blätter, jeweils in 3 Streifen
à 5 cm Breite geschnitten

Das Frühstücksfleisch in sechs ca. 5 mm dicke Scheiben
schneiden. Die Scheiben in einer beschichteten Pfanne im
Öl in 1–1 ½ Min. auf jeder Seite braun und leicht knusprig
anbraten. Die Scheiben herausnehmen und das Öl aus der
Pfanne entfernen. Anschließend Sojasoße, Mirin und Zucker in die Pfanne geben, verrühren und erhitzen. Die Früh-
stücksfleischscheiben zufügen und 1–1 ½ Minuten köcheln
lassen, bis die Soße leicht eindickt. Vom Herd nehmen.

Den gekochten Reis zu sechs kleinen Kissen à 8 x 5 cm
Länge und Breite und 4 cm Höhe formen. Die Reiskissen
mit etwas Furikake bestreuen und je eine Scheibe Frühstücksfleisch darauflegen. Die Nori-Streifen jeweils mit der
glänzenden Seite nach unten auf die Arbeitsfläche legen.
Ein Reiskissen mittig darauflegen und mit dem Algenstreifen
umwickeln. Die Enden der Algenstreifen mit etwas Wasser
ankleben. Sofort servieren oder als Snack für unterwegs in
Frischhaltefolie wickeln.

TIPP
Neben Omelett oder Spiegelei kannst du das Spam Musubi
auch noch mit Avocadoscheiben toppen, bevor du es mit
dem Nori-Streifen umwickelst.

HURRIKAN-POPCORN

Dieses pikant gewürzte Popcorn ist eine absolute Spezialität auf Hawaii und ein fantastischer Snack. Verwende hierfür am besten natürlichen Premium-Popcornmais ohne Zusätze und kein Mikrowellenpopcorn.

FÜR 4 PORTIONEN

2 EL Furikake (japanische Würzmischung)
2 EL helle Sesamsamen
100 g gesalzene Butter
150 g Hähnchenhaut (z. B. von der
Keule)
1 EL Pflanzenöl
½ TL Meersalzflocken
1 EL Kokosöl
150 g Popcornmais

Furikake und Sesamsamen im Mörser mahlen. Die Butter in einem kleinen Topf zerlassen und beiseitestellen.

Die Hähnchenhaut in einer Pfanne im Öl goldbraun und knusprig anbraten. Auf Küchenpapier abtropfen lassen. Im Mixer mit den Meersalzflocken auf die Größe von Brotkrümeln zerkleinern.

Kokosöl in einer großen Pfanne mit schwerem Boden bei hoher Temperatur erhitzen. Ein paar Maiskörner ins Öl geben. Sobald sie aufpoppen, den restlichen Mais einrühren. Den Deckel auflegen und ca. 30 Sek. warten. Sobald die Maiskörner anfangen zu poppen, die Pfanne schwenken, damit das Popcorn nicht anbrennt, ggf. die Pfanne vom Herd nehmen. Kurz bevor alle Körner gepoppt sind, den Deckel leicht anheben, damit der Dampf entweichen kann und das Popcorn nicht weich wird.

Das Popcorn mit der geschmolzenen Butter, der Furikake-Sesam-Mischung und der Hähnchenhaut vermengen und sofort servieren.

TIPP
Noch authentischer wird das Popcorn, wenn du 100 g japanische Reiscracker (Arare, z. B. von Mochi Crunch) untermischst.

PACIFIC RIM
FUSION

DIE KULINARISCHE VIELFALT
DER PAZIFIKREGION

POISSON CRU

Poisson Cru ist Tahitis Antwort auf Poke oder Ceviche. Der französische Name des Gerichts bedeutet übersetzt „roher Fisch". Normalerweise wird dafür Thunfisch verwendet, der in Salzwasser gewaschen und anschließend in frischer Kokosmilch und Limettensaft mariniert wird. Schwertfisch oder Mahi Mahi eignen sich aber genauso gut.

FÜR 4 PORTIONEN

900 g sehr frisches Fischfilet
1 grüne Paprikaschote
1 große Gurke, grob geschält
1 große Möhre, halbiert
5 Tomaten
1 EL Steinsalz
800 ml Kokosmilch (Dose)
120 ml frisch gepresster Limettensaft

Den Fisch abspülen oder 5 Min. in gesalzenes Wasser legen, anschließend trocken tupfen. Fischfilet, Paprika, Gurke, eine Möhrenhälfte und die Tomaten in 2–3 cm große Stücke schneiden. Die andere Möhrenhälfte mit dem Julienneschneider in feine Streifen schneiden.

Die Fischstücke in einer Edelstahlschüssel mit dem Salz vermischen. Paprika, Gurke und Kokosmilch zugeben und alles vorsichtig mit den Händen vermengen. Die Möhrenstücke und den Limettensaft unterheben. Zum Schluss die Tomaten zufügen und behutsam untermischen. Die Schüssel mit Frischhaltefolie abdecken und 2 Std. kalt stellen.

Zum Servieren das Poisson Cru auf Teller verteilen und mit Möhrenjulienne garnieren.

TIPPS

Maistortillas in einer Pfanne mit etwas Kokosöl goldbraun braten, 1 großen Löffel Poisson Cru daraufgeben und mit Guacamole und Zitronenscheiben servieren.

Als Gericht für ein Büfett eine große Platte mit Romanasalatblättern auslegen und das Poisson Cru in die Blätter füllen. Mit Möhrenjulienne und Limettenabrieb garnieren.

Dazu passt Tomatillo-Salsa (s. S. 132).

FURIKAKE-CALAMARES

Dies ist ein einfaches, aber besonders schmackhaftes Gericht. Ich verwende dafür Tintenfischringe, du kannst das Rezept jedoch genauso gut mit Fangarmen zubereiten. Am besten bereits geputzten und sehr frischen Tintenfisch kaufen. Ich weiche den Tintenfisch vor dem Kochen ein, damit er schön zart wird. Panko-Paniermehl und Furikake machen das hawaiische Lieblingsgericht herrlich knusprig.

**FÜR 4 PORTIONEN ALS VORSPEISE ODER
2 PORTIONEN ALS HAUPTGERICHT**

225 g küchenfertige Tintenfischtuben, in Ringe geschnitten
Buttermilch, Kokosmilch oder Salzwasser zum Einweichen
4 Eiweiß
120 ml Milch
60 g Mehl
100 g Panko-Paniermehl
40 g Maisgrieß für Polenta (alternativ Maismehl)
1 kleine Schalotte, sehr fein gewürfelt
2 EL Rohzucker
3 EL Furikake (japanische Würzmischung)
Pflanzenöl zum Frittieren
Sriracha-Mayonnaise (s. S. 12) zum Servieren
Limettenspalten zum Servieren
Frühlingszwiebeln zum Servieren

Den Tintenfisch ca. 30 Min. in Buttermilch, Kokosmilch oder Salzwasser einweichen. Anschließend abspülen und trocken tupfen.

Eiweiße und Milch in einer flachen Schale vermischen. Mehl, Panko-Paniermehl, Maisgrieß, Schalotte, Zucker und Furikake in einer zweiten flachen Schale vermengen.

Die Tintenfischringe von allen Seiten in die Eiweiß-Milch-Mischung tauchen, dazu die Ringe öffnen. Anschließend von allen Seiten in der Panade wenden, sodass auch die Innenseiten bedeckt sind.

Das Öl ca. 5 cm hoch in einen Wok füllen und bei hoher Temperatur erhitzen. Portionsweise ca. 10 Tintenfischringe gleichzeitig im heißen Öl frittieren, bis sie von allen Seiten goldbraun und knusprig sind. Herausnehmen und auf einem Teller mit mehreren Lagen Küchenpapier abtropfen lassen. Mit Sriracha-Mayonnaise zum Dippen, Limettenspalten und Frühlingszwiebeln servieren.

TIPP
Das Rezept kannst du anstatt mit Tintenfisch auch mit in mundgerechte Stücke geschnittenem Ahi, Mahi Mahi oder Hähnchenfilet zubereiten. Als Hauptgericht zusammen mit anderen Poke, z. B. Auberginen-Poke (s. S. 32), servieren.

WOLFSBARSCH „CRUDO"

Die Ursprünge dieses Gerichts sind ziemlich weit von Hawaii entfernt, aber dennoch hat es die Verbindung zu rohem Fisch. Ich habe einige Zeit in Italien verbracht, hauptsächlich in Florenz, aber auch in Apulien. Fisch, Muscheln und andere Meeresfrüchte werden in Apulien fangfrisch und einfach „crudo", also roh, gegessen. Der Fisch schmeckt wunderbar als Appetizer zu einem Aperol Spritz.

FÜR 4 PORTIONEN

4 sehr frische Wolfsbarschfilets
frisch gepresster Saft von 1 Zitrone
frisch gepresster Saft von 1 Limette
Salz
1 Handvoll glatte Petersilie, grob
   gehackt
150 g Radieschen, in feine Scheiben
   geschnitten
150 g Daikon-Rettich, in feine
   Scheiben geschnitten
1 kleine rote Zwiebel, in Ringe
   geschnitten
Olivenöl
1 EL rote Pfefferkörner, zerstoßen

Die Wolfsbarschfilets in sehr dünne Scheiben schneiden und auf einer Servierplatte verteilen. Mit der Hälfte des Zitronen- und Limettensafts beträufeln und mit 1 Prise Salz würzen.

Petersilie, Radieschen, Rettich und Zwiebel mit dem restlichen Zitronen- und Limettensaft sowie etwas Olivenöl vermengen. Die Mischung auf dem Fisch verteilen, alles mit weiterem Olivenöl beträufeln und die roten Pfefferkörner darüberstreuen.

FOODTRENDS AUF HAWAII

Um die Foodszene auf Hawaii kennenzulernen, kann man entweder die Speisekarten der beliebtesten Restaurants studieren, oder man betrachtet die Gerichte, die die Hawaiianer tagtäglich zubereiten und essen.

Obwohl der 50. Staat der USA in großen Teilen den Foodtrends auf dem Festland folgt, gibt es einen speziellen asiatisch-pazifischen Charakter der hawaiischen Küche, der auch Hawaiian Regional Cuisine genannt wird. 1990 von zwölf hawaiischen Spitzenköchen ins Leben gerufen, war das Ziel dieser kulinarischen Bewegung, bei den örtlichen Bauern, Viehzüchtern und Fischern sowie allen, die in der Gastronomie arbeiten, ein Bewusstsein für einheimische Produkte und Rezepte zu schaffen. In der Folge verschwanden typische Festlandgerichte nach und nach von den Speisekarten und somit auch die Abhängigkeit von nicht regionalen Produkten. Nur das Frühstücksfleisch (Spam) blieb von dieser Entwicklung unberührt.

Die regionale Küche Hawaiis zeichnet sich nicht durch einen einzigartigen Kochstil aus, sondern ist vielmehr eine Fusion, die die vielen kulturellen Einflüsse auf den Inseln verarbeitet. Heute findet man diese Gerichte auf zahlreichen Speisekarten, oft unpassend neben Pizza Napoli, Hamburgern und Kalbskotelett. Immerhin sind die meisten Zutaten mittlerweile regionaler Herkunft. Anstatt viel Aufwand in die Kreation neuer Fusion-Rezepte zu stecken, arbeiten die hawaiischen Köche eher an bekannten Gerichten, die sie mit sorgfältig ausgewählten lokalen Zutaten zubereiten, wie einen Kamehameha Burger, der mit Rindfleisch von Viehzüchtern aus Big Island, Salat aus Waipoli, Zwiebeln aus Maui und Strauchtomaten aus Hauula zubereitet wird.

In den letzten Jahren hatte diese Initiative großen Einfluss auf das Kaufverhalten der Einheimischen und deren Restaurantwahl. Die anhaltende Liebe der Hawaiianer zu ihrem altmodischen Plate Lunch zeigt jedoch ihre Vorliebe für herzhafte Wohlfühlessen. Und bei Gerichten wie Kalua Pig, Shoyu Chicken und Loco Moco erwartet man großzügige Portionen.

Überraschenderweise gehören die 7-Eleven-Läden mit zu den populärsten Take-aways. Auch wenn es keine Gourmettempel sind, holen sich die Einheimischen dort gerne ein schnelles und leckeres Essen, das sie einfach in der Mikrowelle warm machen können. Manche sagen sogar, dass man Foodtrends auf Hawaii anhand der Produkte erkennen kann, die 7-Eleven in den Verkaufsregalen hat. Es ist offensichtlich, dass Spam Musubi in seinen mindestens zehn Variationen der absolute Dauerbrenner ist. Darüber

hinaus gibt es dort natürlich erwartungsgemäß die lokalen Must-haves wie Fried Saimin (gebratene Nudeln), Manapua (gefüllte Dampfnudeln), Teriyaki Burger, Kimchi Fried Rice (gebratener Reis mit Kimchi) und Tonkotsu Pork Ramen (japanische Schweinefleischbrühe). Neu in den Regalen sind japanische Bentōs, Beef Pho (vietnamesische Rindfleischsuppe) sowie Shūmai (Teigtaschen mit Garnelen- und Fleischfüllung). Darüber hinaus gibt es einige importierte Gerichte, die allen Fusion-, Gesundheits- und Regionalanbau-Trends trotzen, was darin begründet liegt, dass die Einheimischen die Dinge gern einfach und am liebsten so wie immer halten. Zu diesen Gerichten gehören gebratene Spaghetti, Corned Beef Hash (eine Art Hack aus Corned Beef), portugiesische Wurst, Biscuits and Gravy (Brötchen mit Bratensoße), SoCal (Southern California) Style Tacos sowie Donuts und Waffeln. Auf der anderen Seite behaupten sich die als „echt" einheimisch geltenden Gerichte Spam Musubi, Poke und Ramen immer noch und sind sogar außerordentlich trendy. Von der stetig wachsenden Beliebtheit von Poke kann man sich in jedem Foodland-Supermarkt sowie auch in den besten Restaurants auf den Inseln überzeugen. Manche Restaurants bieten sogenannte Poke Flights an,

eine Auswahl von drei Poke-Variationen in kleinen Portionen. Darunter sind meist Ahi-Poke mit Algen und Kukui-Nüssen, Kimchi-Tako und Hamachi aus Gelbflossenthunfisch mit Avocado-Yuzu-Mousse und Fischrogen als Beilage.

Was bedeutet das alles? Genau wie auf dem Festland werden Hawaiianer heutzutage von Ernährungstrends, kommerziellen Interessen und ökologischen Bedenken überflutet. Der bedeutende Unterschied ist jedoch die Entfernung zum Festland und zu anderen Pacific-Rim-Ländern. Das Paradox der räumlichen Distanz bei gleichzeitiger Nähe durch die Möglichkeiten der Kommunikation ist auf Hawaii kuriose Realität. Es gibt etwa eine jahreszeitliche Küche, die den Traditionen des Festlands folgt. Im Herbst beispielsweise findet man Kürbis-Pie, Roast Pork und warme Zimtäpfel auf fast jeder Speisekarte – ungeachtet der Tatsache, dass der Sommer auf Hawaii nie zu enden scheint.

In kulinarischem Sinne halten die Insulaner offensichtlich am liebsten an dem fest, was sie kennen. Durch die Initiative der berühmten Köche hat sich diese Haltung jedoch mit einem neuen Bewusstsein für die Herkunft der Lebensmittel und der kreativen Fusion-Küche verbunden.

SAMOANISCHES OKA

Im südpazifischen Inselreich Samoa gibt es ein Poke-ähnliches Gericht namens Oka. Der große Unterschied liegt darin, dass die Samoaner viel Kokosnuss verarbeiten. In diesem Rezept bildet der milde Kokosgeschmack ein gutes Gegengewicht zum intensiven Aroma der Marinade. Meine Oka-Version ähnelt in seiner Konsistenz eher einer Suppe als einem hawaiischen Poke. Du kannst es perfekt als Vorspeise in kleinen Schalen servieren oder in riesigen Portionen als Hauptgericht, wie es die Samoaner tun.

FÜR 6 PORTIONEN

1 frische Kokosnuss
1 kg sehr frisches weißes Fischfilet
(2 Sorten, z. B. Seehecht und
Dorsch)
frisch gepresster Saft von 2 Limetten
frisch gepresster Saft von 1 Zitrone
2 TL Shoyu (Sojasoße)
2 TL Mirin (Reiswein) plus etwas zum
Servieren
1 rote Zwiebel, grob gehackt
1 rote Chilischote, gehackt, plus etwas
zum Servieren
1 Handvoll Koriandergrün, gehackt,
plus etwas zum Servieren
3 Frühlingszwiebeln, in dünne Ringe
geschnitten
150 g Kirschtomaten, halbiert
150 g Radieschen, in dünne Scheiben
geschnitten
200 g Daikon-Rettich, in dünne
Scheiben geschnitten
200 g Gurke, halbiert und in dünne
Scheiben geschnitten
400 ml Kokosmilch (Dose)
2 EL frittierte Schalotten (s. S. 137)
2 EL Tobiko (Fischrogen)

Die Kokosnuss öffnen und das Kokoswasser auffangen. Das Fruchtfleisch herausschneiden und reiben.

Den Fisch in kleine Würfel schneiden und in eine Schüssel geben. Jeweils die Hälfte des Limetten- und Zitronensafts sowie Shoyu und Mirin darüberträufeln. Den Fisch 30 Min. marinieren.

Den Fisch in eine Servierschüssel geben. Rote Zwiebel, Chili, Koriandergrün, Frühlingszwiebeln, Tomaten, Radieschen, Rettich und Gurke zufügen. Alles mit Kokosmilch und Kokoswasser sowie dem restlichen Limetten- und Zitronensaft behutsam vermengen. Das geriebene Kokosfleisch darüberstreuen und leicht unterheben.

Nach Wunsch mit Mirin, Chili und Koriander garnieren. Zum Schluss frittierte Schalotten und etwas Tobiko daraufgeben.

TIPP
Nach Belieben eingelegte Gurken, Scotch Bonnets und Shiitake dazu servieren (s. S. 138–140).

TERIYAKI BURGER

Dieses Gericht wird auf Hawaii liebevoll „Teri Burger" genannt und ist die hawaiische Version des amerikanischen Klassikers. Die Teriyaki-Soße verleiht den Burgern ein süßliches Aroma und sorgt dafür, dass das Fleisch schön saftig wird. Du kannst die Pattys nach Belieben braten oder grillen.

FÜR 4 PORTIONEN

450 g Rinderhackfleisch
1 Bund Frühlingszwiebeln, in feine
   Ringe geschnitten
1 TL fein gehackter Ingwer
1 TL fein gehackter Knoblauch
¼ TL Meersalz
¼ TL frisch gemahlener schwarzer
   Pfeffer
2 ½ EL Teriyaki-Soße (s. S. 136)
10 g Panko-Paniermehl
1 EL geröstete Sesamsamen
2 EL Pflanzenöl
4 Hamburgerbrötchen (alternativ
   Brioches)

ZUM SERVIEREN
Salat, Tomate und rote Zwiebel,
   dünn geschnitten
Kalua-Chipotle-Ketchup (s. S. 136)
eingelegte Gurken (s. S. 139)

Das Hackfleisch in einer großen Schüssel mit Frühlingszwiebeln, Ingwer, Knoblauch, Salz, Pfeffer, Teriyaki-Soße, Paniermehl und Sesam gut vermengen. Die Masse vierteln und jeweils zu ca. 2,5 cm dicken Pattys formen.

Die Pattys in einer Pfanne mit Öl bei mittlerer Hitze in ca. 4 Min. pro Seite braun braten. Brate sie etwas länger, wenn sie vollständig durchgegart sein sollen.

Die Hamburgerbrötchen im Backofen kurz aufwärmen und aufschneiden. Mit Salat, Tomaten, Pattys und roter Zwiebel belegen. Die Burger mit Kalua-Chipotle-Ketchup und eingelegten Gurken servieren.

TIPP
Für noch mehr Exotik jeden Burger mit einer gegrillten Ananasscheibe toppen.

MISO BUTTERFISH

Dies ist eins meiner Lieblingsgerichte, bei dem Black Cod in einer Miso-Marinade eingelegt wird. „Butterfish" wird auf Hawaii jeder Fisch genannt, der so zubereitet wird. Damit der Fisch die Aromen gut aufnimmt und schön zart wird, wird er zwei bis drei Tage lang mariniert. Besonders gut schmeckt dazu eingelegter Ingwer.

FÜR 4 PORTIONEN

4 Kohlenfischfilets (Black Cod,
à 200 g; alternativ Schwarzer
Seehecht oder Lachs)
235 ml Sake (Reiswein)
235 ml Mirin (Reiswein)
250 g helle Misopaste
150 g weißer Zucker

ZUM SERVIEREN

1 EL Furikake (japanische Würzmischung)
½ Frühlingszwiebel, in feine Streifen
geschnitten (optional)
gedämpfter Reis und gedämpftes
grünes Gemüse (z. B. Spargelbrokkoli)

Den Fisch abspülen und trocken tupfen. Sake und Mirin in einem Topf mit schwerem Boden bei hoher Temperatur erhitzen; einige Minuten kochen, bis der Alkohol verdampft ist, und anschließend bei reduzierter Hitze 10 Min. köcheln lassen. Misopaste unterrühren, bis sie sich aufgelöst hat. Den Zucker unter Rühren zufügen und alles weitere 45 Min. bei niedriger Hitze einköcheln lassen, dabei gelegentlich umrühren. Die Marinade auf Zimmertemperatur abkühlen lassen.

Drei Viertel der Marinade in einen nicht metallischen Behälter oder Gefrierbeutel geben. Den Fisch zufügen und von allen Seiten mit der Marinade bedecken. Behälter oder Beutel verschließen und für 2–3 Tage in den Kühlschrank geben. Die restliche Marinade ebenfalls kalt stellen.

Den Backofen auf 180 °C vorheizen. Den Fisch aus der Marinade nehmen, auf ein Backblech legen und 10 Min. im Ofen garen. Den Grill auf mittlere Temperatur vorheizen. Den Fisch mit etwas Marinade beträufeln und in 3–5 Min. goldbraun grillen.

Den Fisch mit der restlichen Marinade, Furikake und Frühlingszwiebeln garnieren. Sofort mit Reis und Gemüse servieren.

TIPP

Du kannst das Rezept auch mit Hähnchenbrustfilet anstelle von Fisch zubereiten. Das Fleisch braucht jedoch etwas länger im Backofen und sollte durchgegart sein, bevor es gegrillt wird.

TOSTADITOS DE MARISCOS

Wenn du für Freunde etwas Besonderes kochen möchtest, sind diese Meeresfrüchte-Tortillas genau das Richtige. Ganz im „South of the Border"-Style kommt Poke hier als mexikanische Vorspeise daher. Die Tostaditos können je nach kulinarischem Anspruch selbst zusammengestellt oder aufwendig angerichtet werden. In jedem Fall ist das Ergebnis spektakulär.

FÜR 6 PORTIONEN

750 g frisches Fischfilet, Oktopus
   und/oder Garnelen
6 Maistortillas (Rezept s. S. 43)
Sriracha-Soße zum Servieren

FÜR DIE MARINADE
frisch gepresster Saft von 2 Zitronen
1 rote Zwiebel, in feine Ringe
   geschnitten
1 EL geröstete Koriandersamen
1 EL Shoyu (Sojasoße)
1 EL Mirin (Reiswein)

FÜR DIE SALSA
2 Avocados, gewürfelt
1 rote Zwiebel, fein gehackt
2 Jalapeños, fein gehackt
1 Handvoll Koriandergrün, gehackt
frisch gepresster Saft von 1 Limette
Salz

Fisch, Oktopus und Garnelen in mundgerechte Stücke schneiden und in eine große Schüssel geben. Die Zutaten für die Marinade zufügen alles vorsichtig vermengen. Ca. 30 Min. marinieren.

Die Zutaten für die Salsa in einer zweiten Schüssel vermengen und mit Salz würzen.

Eine Gusseisenpfanne ohne Fett erhitzen und die Tortillas auf beiden Seiten erhitzen, sie dürfen dabei ruhig etwas Farbe bekommen. Zum Servieren die Salsa auf die Tortillas geben, marinierten Fisch und Meeresfrüchte darauf verteilen und alles mit Sriracha-Soße beträufeln.

BAJA FISH TACOS

In Baja California (Niederkalifornien) findet man die besten Fisch-Tacos, denn es gibt dort alle notwendigen Zutaten frisch vor Ort und außerdem eine große Auswahl an Salsas. Ein Baja Fish Taco steht und fällt mit der Frische des Fischs, der Qualität der Tortilla und der Schärfe der Salsa, die einen schönen Kontrast zur cremigen Mayonnaise bildet.

FÜR 4 PORTIONEN

1 EL Kreuzkümmelsamen
1 EL Koriandersamen
1 TL geräuchertes Paprikapulver
Salz
800 g weißes Fischfilet (z. B. Pollack, Seehecht oder Snapper)
frisch gemahlener schwarzer Pfeffer
Mehl zum Bestäuben
2 EL Pflanzenöl
8 kleine Mais- oder Weizentortillas
1 reife Avocado, in Scheiben geschnitten
1 Limette, in Spalten geschnitten

FÜR DIE CREME

2 EL Mayonnaise
4 EL griechischer Joghurt
1 TL Rote Salsa (s. S. 135; alternativ Tabasco-Soße)

FÜR DEN KRAUTSALAT

400 g Weißkohl, grob geraspelt
1 Möhre, grob geraspelt
½ Zwiebel, in dünne Ringe geschnitten

Für die Creme Mayonnaise, Joghurt und Salsa in einer Schüssel verrühren. Für den Krautsalat in einer zweiten Schüssel Weißkohl, Möhre und Zwiebel vermischen. Alles beiseitestellen.

Kreuzkümmel- und Koriandersamen in einer kleinen Pfanne anrösten. Anschließend im Mörser grob zerstoßen und mit geräuchertem Paprikapulver und ½ TL Salz vermischen. Den Fisch mit dieser Gewürzmischung einreiben und mind. 30 Min. ruhen lassen.

Den Fisch in mundgerechte Stücke schneiden. Mehl mit etwas Salz und Pfeffer vermischen und die Stücke darin wenden. Die Fischstücke in einer heißen Pfanne mit Öl in zwei Portionen braten, bis sie goldbraun und gar sind. Auf Küchenpapier abtropfen lassen und warm halten.

Die Tortillas in einer Gusseisenpfanne erhitzen, dabei dürfen sie ruhig etwas Farbe bekommen. Die Tortillas mit Krautsalat und Fisch belegen. Die Creme darüberträufeln. Die Tacos mit Avocado- und Limettenscheiben servieren.

TIPP

Dazu passen Tomatillo-Salsa, Pico de Gallo und Rote Salsa (s. S. 132–135) sowie eingelegte Scotch Bonnets und Gurken (s. S. 139).

KIMCHI CRAB CAKES

Hier ist eins meiner Lieblingsgerichte für ein besonderes Abendessen oder sommer-
liches Picknick. Die knusprige goldbraune Panade passt hervorragend zum weichen,
süßen Krebsfleisch. Dazu bildet die Säure von Limetten und Kimchi einen schönen
Kontrast. Die Crab Cakes schmecken auch mit Kartoffelsalat, Rucola oder Spinat.

FÜR 6 PORTIONEN ALS HAUPT-
GERICHT ODER
12 PORTIONEN ALS VORSPEISE

2 Bio-Limetten
85 g Kimchi (fermentierter Kohl),
  abgetropft und fein gehackt
1 Ei (Größe L)
115 g Mayonnaise
½ TL Steinsalz
½ TL frisch gemahlener schwarzer
  Pfeffer
85 g Panko-Paniermehl
225 g Krebsfleisch, abgetropft und
  gehackt
225 g Königskrabbenfleisch,
  abgetropft und gehackt
4 EL Rapsöl

ZUM SERVIEREN
Sriracha-Mayonnaise (s. S. 12)
Spargelbrokkoli mit Miso (s. S. 128)

Die Schale von 1 Limette abreiben. Die Limetten in insge-
samt zwölf Spalten schneiden. In einer großen Schüssel
Kimchi, Ei, Mayonnaise, Limettenabrieb, Salz und Pfeffer
mit einer Gabel gut vermengen. Die Hälfte des Panier-
mehls sowie das Krebs- und Königskrabbenfleisch zugeben.
Das restliche Paniermehl in eine flache Schale füllen.

Die Krebsfleischmischung in zwölf gleich große Portionen
teilen und zu Frikadellen formen. Die Frikadellen auf beiden
Seiten in Paniermehl wenden, auf ein großes mit Backpapier ausgelegtes Brett legen, mit Frischhaltefolie abdecken
und 30 Min. kalt stellen.

Das Öl in einer großen Pfanne bei mittlerer Temperatur
erhitzen. Immer vier Frikadellen gleichzeitig im heißen Öl
in 3 Min. pro Seite goldbraun braten. Auf einem Auskühl-
gitter über Küchenpapier abtropfen lassen. Sofort mit
Limettenspalten, Sriracha-Mayonnaise und Spargelbrokkoli
mit Miso servieren.

HUMMER-QUESADILLAS

Dieses Gericht habe ich mal während eines Gartenfestes bei einem Freund in Santa Barbara gegessen. Hummer ist natürlich eine Luxuszutat, die immer einen besonderen Anlass verdient. Diese Quesadillas bekommen damit ihren ganz großen Auftritt.

FÜR 4 PORTIONEN

1 mittelgroßer Hummerschwanz
  (alternativ 8 Langustenschwänze)
1 TL Butter
1 TL Pflanzenöl
frisch gepresster Saft von 1 Limette
8 Maistortillas
200 g Cheddar, gerieben
1 reife Avocado, in dünne Scheiben
  geschnitten
Rote Salsa (siehe Seite 135; alternativ
  Tabasco-Soße)
1 Handvoll Koriandergrün zum
  Garnieren

**FÜR DIE KARAMELLISIERTEN
ZWIEBELN**

1 TL Butter
1 rote Zwiebel, in sehr dünne Ringe
  geschnitten
1 EL Demerara- oder Turbinado-
  Zucker

Für die karamellisierten Zwiebeln die Butter in einem Topf zerlassen und die Zwiebelringe darin weich dünsten. Zucker zugeben und die Zwiebelringe abgedeckt ca. 15 Min. weiterdünsten, ggf. etwas Wasser zugeben.

Die Schale vom Hummer mit einer Schere aufschneiden, dabei das Fleisch nicht verletzen. Butter und Öl in einer Pfanne bei mittlerer Temperatur erhitzen und den Hummer 3 Min. pro Seite braten, bis das Fleisch fast durchgegart ist (es gart später noch nach). Mit Limettensaft ablöschen. Die Pfanne vom Herd nehmen und das Fleisch abkühlen lassen, dann auslösen und in mundgerechte Stücke schneiden.

Eine Maistortilla in einer Gusseisenpfanne bei mittlerer Temperatur erhitzen. 1 Handvoll geriebenen Cheddar darauf verteilen, ein Viertel des Hummerfleischs und 1 EL karamellisierte Zwiebeln darübergeben. Anschließend noch etwas Käse darauf verteilen und eine zweite Tortilla darauflegen. Sobald die untere Tortilla heiß und leicht gebräunt ist, die Quesadilla mit einem Pfannenwender umdrehen. Wenn auch zweite Tortilla heiß ist, die Quesadilla aus der Pfanne nehmen. Die restlichen Quesadillas genauso zubereiten.

Die Avocado mit etwas Bratflüssigkeit des Hummers beträufeln und mit 1 Spritzer Roter Salsa und dem Koriandergrün zu den Quesadillas servieren.

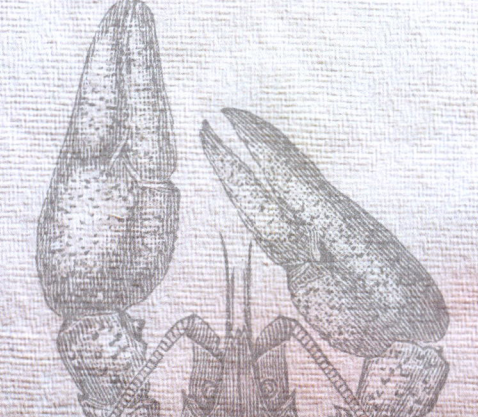

AHI-INGWER-POTSTICKER

Klassisches Ahi-Poke als japanische Gyōza oder Potsticker, wie sie im Englischen genannt werden, zubereitet, ist wahnsinnig lecker. Die knusprig braun gebratenen Teigtaschen und die weiche Füllung sind die perfekte Kombination. Serviere die Potsticker mit herzhafter Shoyu-Soße und scharfem Ingwer sowie einer Auswahl an Dips und Soßen oder Würzmischungen wie Furikake.

FÜR 4 PORTIONEN

450 g klassisches Ahi-Poke (s. S. 12)
140 g Wasserkastanien (Dose),
    abgetropft
1–2 Eier, verquirlt
20 Gyōza-Teigblätter (Asialaden)
Pflanzenöl

ZUM SERVIEREN

Shoyu-Soße (im Island-Poké-Style
    zubereitet, s. S. 9)
eingelegter Ingwer (s. S. 139)
Frühlingszwiebeln, diagonal in lange
    Ringe geschnitten
Sesamsamen (optional)

Ahi-Poke mit Wasserkastanien und 1 Ei im Mixer grob pürieren. Ist die Mischung zu trocken, ggf. 1 weiteres Ei zufügen.

Die Gyōza-Teigblätter auf die Arbeitsfläche legen. Jeweils 1 EL Ahi-Poke-Füllung in die Mitte geben. Die Ränder der Teigblätter mit etwas Wasser befeuchten, dann zur Mitte falten und fest zusammendrücken.

Eine Pfanne bei mittlerer Temperatur erhitzen. Ein Küchentuch mit Öl benetzen und die heiße Pfanne damit auswischen. Die Teigtaschen in die Pfanne legen und mit geschlossenem Deckel 2 Min. braten. Den Deckel abnehmen, 3–4 EL Wasser in die Pfanne geben und diese sofort wieder verschließen. Die Teigtaschen 3–4 Min. dämpfen, dabei nicht wenden. Sie sollen am Boden knusprig braun gebraten und oben weich sein.

Sofort mit Shoyu-Soße zum Dippen und eingelegtem Ingwer servieren. Mit Frühlingszwiebelringen und Sesamsamen nach Belieben garnieren.

TIPP
Du kannst die Teigtaschen auch mit anderem Poke, z. B. Auberginen-Poke (s. S. 32), füllen.

PACIFIC CHOWDER

Diese Fischsuppe ist typisch für die Pazifikregion. Sie zeigt Einflüsse der Chowder, die man in New England oder Manhattan bekommt, hat sich aber auf Hawaii zu einem echten Fusion-Gericht entwickelt.

FÜR 6 PORTIONEN

250 g weißer oder brauner Basmati-Reis

200 g Spargelbohnen (alternativ andere grüne Bohnen)

150 g Okraschoten (Asialaden)

200 g scharfe Chorizo, in feine Würfel geschnitten

200 g Sellerie, Möhre und Zwiebel, fein gehackt

1 kleines Stück Galgant (Thai-Ingwer), fein gehackt

1 TL gemahlene Kurkuma

3 Knoblauchzehen, fein gehackt

1 EL Olivenöl

1 kg Fischfilet, in Würfel oder Scheiben geschnitten

400 ml Kokosmilch (Dose)

200 ml Weißwein

1 Schalotte, gehackt

500 g frische Muscheln und Garnelen mit Schale

150 g Zuckerschoten

rote Chilischoten, gehackt

Salz

1 TL Fischsoße (Nam Pla)

2 TL helle Sojasoße

ZUM SERVIEREN

frisch geriebene Kokosnuss

Sriracha-Soße

rote Chilischoten, gehackt

Ananas-Chili-Salsa (s. S. 134)

Den Reis nach Packungsanleitung kochen, abgießen und beiseitestellen. Bohnen und Okras bissfest dämpfen und in mundgerechte Stücke schneiden. Die Chorizo 5 Min. in einer Pfanne braun anbraten, bis das Fett austritt. Vom Herd nehmen und in der Pfanne abkühlen lassen.

Sellerie-, Möhren- und Zwiebelstücke in einem großen Topf mit dem Fett aus der Chorizo-Pfanne braun anbraten. Galgant, Kurkuma und Knoblauch zugeben. Sobald der Knoblauch aromatisch duftet, Öl und Fisch zufügen und die Fischstücke je nach Größe bei mittlerer Hitze 5–10 Min. garen. Dann die Kokosmilch einrühren.

Die Chorizo in der Pfanne erneut erhitzen und mit Weißwein ablöschen. Schalotte und Meeresfrüchte zugeben und abgedeckt köcheln lassen, bis sich die Muscheln öffnen.

Reis, Zuckerschoten, Bohnen und Okras in den Topf zum Fisch geben, dann Chorizo, Schalotte und Meeresfrüchte zufügen. Die Suppe mit Chili und Salz würzen. Sie sollte eine cremige Konsistenz haben, ggf. etwas Wasser zugeben. Die Suppe einmal aufköcheln lassen und die Fisch- und Sojasoße einrühren. Die Pacific Chowder mit frisch geriebener Kokosnuss, Sriracha-Soße, gehackten Chilis und Ananas-Chili-Salsa servieren.

LUAU-
GERICHTE

FÜR GÄSTE, FESTE UND PARTYS

DIP MIT GERÄUCHERTEM AHI

Dieser Dip aus geräuchertem Ahi ist ganz simpel zuzubereiten. Wer keinen geräucherten Fisch vorrätig hat, kann für das Räucheraroma ein paar Tropfen Flüssigrauch nehmen.

FÜR 4 PORTIONEN ALS VORSPEISE

400 g geräucherter Ahi
2 EL frisch gepresster Zitronensaft
3 EL Mayonnaise
1 Spritzer Worcestersauce
1 Spritzer Tabasco-Soße
1 EL fein gewürfelte Schalotte (optional)
1 Prise Old Bay Seasoning (Gewürzmischung
   für Fisch, optional)
Meersalz
frisch gemahlener schwarzer Pfeffer

ZUM SERVIEREN
3 EL gehackter Schnittlauch
Tortilla-Chips, Rohkoststicks, Zitronen- oder
   Limettenspalten

Den Fisch mit den Fingern oder einer Gabel zerpflücken. Alle Zutaten in einer Schüssel oder im Mixer zu einer stückigen Creme verarbeiten. Mit Schnittlauch garnieren und mit Tortilla-Chips, Rohkoststicks und Zitronen- oder Limettenspalten servieren.

TIPP
Als gehaltvolleren Snack den Dip auf Toast oder als Pastete servieren oder mit eingelegter Gurke (s. S. 139) als Sandwich-Füllung. Du kannst nach Wunsch jeden geräucherten Fisch verwenden (z. B. Schwertfisch), dann jedoch die Menge an Mayonnaise nach Geschmack anpassen. Mit Kapern, gewürfelter Paprika oder Gewürzgurke verfeinern.

GUACAMAME-DIP

Der Dip besteht aus typischen Zutaten der nächsten Nachbarn von Hawaii: Mexiko und Japan. Er ähnelt Guacamole, kommt aber mit Extra-Proteinen der Edamame-Bohnen daher.

FÜR 4–6 PORTIONEN ALS VORSPEISE

1 reife Avocado
frisch gepresster Saft von 2 Limetten
350 g Edamame-Bohnen, geschält
1 EL fein gehackte rote Zwiebel
2 EL fein gehackte Tomate
1 Handvoll Koriandergrün, fein gehackt
½ rote Chilischote, entkernt und gehackt (optional)
¼ TL Salz
¼ TL frisch gemahlener schwarzer Pfeffer

ZUM SERVIEREN
Edamame-Bohnen und rote Chili
Tortilla-Chips, Rohkoststicks, Zitronen- oder
   Limettenspalten

Die Avocado längs halbieren und entkernen. Das Fleisch mit einem Löffel herauslösen, in einer Schüssel mit einer Gabel zerdrücken und mit Limettensaft beträufeln. Die restlichen Zutaten im Mixer in 1–2 Min. cremig pürieren, dann mit der Avocado verrühren. Den Dip abschmecken. Mit Frischhaltefolie abdecken und 20 Min. kalt stellen. Anschließend sofort mit Edamame und Chili garnieren und mit Tortilla-Chips, Rohkoststicks und Zitronen- oder Limettenspalten servieren.

TIPP
Gemüsestücke im Backofen rösten und mit der Guacamame und etwas Rucola in warmem Pita-Brot servieren. Mit gehacktem Koriandergrün garnieren.

CHICKEN LONG RICE

Dies ist ein typisches Essen für Luau, das aber auch als Plate Lunch oder in Restaurants serviert wird. Long Rice bezieht sich auf die langen und extrem dünnen Reisnudeln, die die Grundlage des Gerichts bilden. Ein Wohlfühlessen, das als Vorspeise oder Beilage zu Fleisch und Gemüse serviert werden kann.

FÜR 4 PORTIONEN

450 g Hähnchenfleisch ohne Haut
  und Knochen, gewürfelt
Pflanzenöl zum Braten
1 Zwiebel, fein gehackt
2 Stangen Staudensellerie, in
  Scheiben geschnitten (optional)
1 ½ TL fein gehackter Ingwer
600 ml Hühnerbrühe
50 g sehr dünne Reisnudeln
  (z. B. Vermicelli)

ZUM SERVIEREN

2 Frühlingszwiebeln, in feine Ringe
  geschnitten

Das Hähnchenfleisch in einer Pfanne mit wenig Öl braun anbraten. Zwiebel und Sellerie zugeben und einige Minuten mit anschwitzen. Ingwer und Hühnerbrühe zufügen und alles abgedeckt bei geringer Hitze in ca. 1 Std. weich garen.

In der Zwischenzeit die Reisnudeln ca. 10 Min. in warmem Wasser einweichen. Die Nudeln abgießen, unter fließendem Wasser abspülen und in 5 cm lange Stücke schneiden. Die Nudeln in die Pfanne zum Fleisch geben, alles erhitzen und weitere 5–10 Min. garen. Mit Frühlingszwiebeln garniert servieren.

TIPP

Wer mag, gibt noch getrocknete Shiitake oder Porcini dazu. Die Nudelpfanne schmeckt auch mit Mais, Spargel, Spargelbohnen oder anderem Gemüse. Dazu passt Rote Salsa (s. S. 135), Rote-Chili-Salsa (s. S. 133) oder Kalua-Chipotle-Ketchup (s. S. 136).

KALUA PIG AUS DEM BACKOFEN

Traditionell ist das im Ganzen gegarte Schwein der Mittelpunkt jedes Luau. Das Fleisch wird mit Hawaii-Salz eingerieben, in zwei verschiedene Sorten Blätter eingewickelt und über Nacht im mit heißen Steinen ausgelegten Erdofen (Imu) gebacken. Durch die Blätter bleibt das Fleisch saftig und bekommt einen rauchigen Geschmack. Es wird anschließend ähnlich wie Pulled Pork zerkleinert und mit Chicken Long Rice (links) oder Luau-Tintenfisch (s. S. 119) serviert.

FÜR 10–12 PORTIONEN

1,8 kg Schweineschulter
2 EL Hawaii-Salz
2 EL Flüssigrauch (Liquid Smoke)
  plus 1 Spritzer extra
1 Bananenblatt
4–6 große Ti-Blätter

AUSSERDEM
Küchengarn

Das Fleisch auf allen Seiten mit einem Messer im Abstand von 2–3 cm ca. 5 mm tief schräg einschneiden, dann mit Salz und Flüssigrauch einreiben.

Das Fleisch zunächst mit dem Bananenblatt, anschließend mit den Ti-Blättern einwickeln und mit Küchengarn fest verschnüren. Das Päckchen komplett in Alufolie einwickeln, sodass später kein Bratensaft auslaufen kann. So wird das Fleisch besonders zart. Bei Zimmertemperatur ca. 45 Min. ruhen lassen. Den Backofen auf 180 °C vorheizen.

Das eingewickelte Fleisch in eine flache Form legen und 3 ½ Std. im Ofen garen. Anschließend die Temperatur auf 230 °C erhöhen und das Fleisch weitere 45 Min. braten.

Das Fleisch aus dem Ofen nehmen, von Folie und Blättern befreien und 15 Min. abkühlen lassen. Mit den Händen oder zwei Gabeln zerkleinern. Vor dem Servieren noch ca. 5 Min. im Bratensaft mit einem Spritzer Flüssigrauch ziehen lassen.

TIPP
Fleischreste kannst du als Füllung für Tacos (s. S. 95) oder Teigtaschen (s. S. 100) verwenden. Ganz traditionell wird das Fleisch vor dem Servieren mit gedämpften Weißkohl- oder Spinatblättern vermengt.

KALUA-BRÜHE

Eine gute Brühe sollte so natürlich und ursprünglich wie möglich zubereitet sein. Die Version von Big Island ist von verschiedenen kulinarischen Strömungen beeinflusst, vor allem von der japanischen und der chinesischen Tradition. Das Geheimnis ist, dem Rezept möglichst genau zu folgen und keinen Schritt zu überspringen. Nur so erzielt man ein perfektes Ergebnis. Und wenn die Brühe nach langem Köcheln endlich fertig ist, wirst du sehen, dass sich der Aufwand gelohnt hat.

FÜR CA. 3 L BRÜHE

3 kg Rinderkochen (z. B. aus Hachse, Hochrippe und Nacken)
1 Hühnerkarkasse
2 EL Melasse
100 ml Reisessig
2 EL dunkle Sojasoße
1 Zwiebel, geviertelt
1 Knoblauchknolle, halbiert
2 Stängel Zitronengras, angedrückt
1 Handvoll Koriandergrün
2 TL Koriandersamen

Die Rinder- und Hühnerknochen in einem großen Topf mit Wasser bedecken und 30 Min. bei hoher Temperatur kochen. Den Backofen auf höchster Temperatur vorheizen. Die Knochen aus dem Topf nehmen (das Kochwasser wegschütten) und auf einem Backblech 45–60 Min. im Ofen rösten, bis sie tiefbraun sind – sie können nicht dunkel genug sein.

Die Knochen zurück in den Topf geben und mit 3 l Wasser oder mehr komplett bedecken. Die Melasse mit etwas warmem Wasser verdünnen und mit den restlichen Zutaten zufügen. Alles bei niedriger Hitze aufkochen und abgedeckt mind. 9 Std. oder über Nacht köcheln lassen. Gelegentlich das Fett abschöpfen und umrühren, ggf. etwas Wasser nachfüllen.

Nach der Kochzeit die Knochen herausnehmen und die Brühe in eine große, flache Form abseihen, damit sie schnell auskühlt; ggf. ein großes Glas mit Eiswürfeln in die Brühe stellen, um den Abkühlprozess zu beschleunigen, sodass sich keine Keime bilden. Die Brühe in verschließbare Behälter füllen und nach dem Auskühlen sofort kalt stellen. Im Kühlschrank hält sie sich mind. 1 Monat, im TK-Fach mehrere Jahre.

DER ALOHA-SPIRIT

Aloha ist nicht nur eins der wichtigsten Wörter der hawaiischen Sprache, sondern vielmehr eine Lebenseinstellung und wesentlicher Bestandteil der hawaiischen Kultur. Familie, Gemeinschaft, Respekt, Dinge teilen und einen positiven Beitrag für die Gesellschaft leisten, sind Werte, die der Aloha-Spirit verkörpert. Dabei wurde der Begriff Aloha in den letzten 50 Jahren vom Rest der Welt verfälscht und ist heute für viele gleichbedeutend mit Urlaub in der Südsee, Tiki-Bars und Leis aus Plastikblumen. Doch das tief verwurzelte Gefühl, das in diesem bescheidenen Wort mitschwingt, ist weitaus erhabener und heiliger als ein einfaches „Hallo" oder „Auf Wiedersehen".

Es gibt unterschiedliche Übersetzungen des Wortes Aloha. Meiner Ansicht nach trifft es diese am besten: Im Hawaiischen beschreibt das Wort „Alo" eine gerade anwesende Person oder auch die Art und Weise, wie wir uns äußerlich präsentieren. Das Wort

„Ha" bedeutet Lebenshauch und meint, dass wir durch das richtige langsame, tiefe Atmen spirituelle Lebensenergie („Mana" genannt) sammeln, unsere Verbindung mit der Außenwelt schärfen und unsere Fähigkeit, Dinge positiv zu verändern, vergrößern.

Die Kombination dieser beiden Wörter kann man als eine Art Aufforderung sehen, mit sich selbst in Einklang zu kommen. Wenn „Alo" das Äußere ist, das menschliche Erscheinungsbild, dann ist „Ha" das Innere, die gute Seele, mit deren Macht man die Außenwelt verändern kann. Wer im Alltag den Aloha-Spirit lebt, schafft eine Balance zwischen Innen- und Außenwelt.

Aloha ist im Grunde gleichzusetzen mit bedingungsloser Liebe, die von Herzen kommt. Es impliziert also viel mehr als eine innige Begrüßung, einen zärtlichen Abschied oder eine freundliche Geste. Es steht für Freude und Großzügigkeit – Eigenschaften, die auf Hawaii mit Stolz gepflegt werden.

Die Hawaiianer inspirieren den Rest der Welt jedoch nicht nur mit ihrem Aloha und ihrem tiefen Respekt für ihr „Aina" (Land), sondern auch mit ihrer entspannten Haltung gegenüber dem Kochen, dem Essen und der Geselligkeit. Auf Hawaii kocht man meist mehr als nötig, um das Essen anschließend teilen zu können. Wenn hawaiische Fischer von der Arbeit kommen, geben sie Freunden und Nachbarn gern etwas vom Fang ab. Sie sind stolz darauf, Teil einer Gemeinschaft zu sein. Gemeinsam üppig zu speisen – wie zu einem Luau – ist in der hawaiischen Kultur sehr wichtig für die Bindung zwischen den Menschen.

Ein Luau ist ein Festessen, bei dem man zu bestimmten Anlässen wie Geburtstagen oder Abschieden zusammenkommt und sich gegenseitig feiert. Dabei gibt es immer reichlich zu essen, wobei jeder etwas zum köstlichen Büfett beisteuert. Niemand kommt mit leeren Händen und niemand geht, ohne eine gute Portion mit nach Hause zu nehmen.

Die zentrale Speise zu einem Luau-Fest ist für gewöhnlich das Kalua Pig (s. S. 109), das in einem Imu zubereitet wird – einem Ofen, der in die Erde gegraben und mit Vulkansteinen und Bananenblättern ausgekleidet ist. Im Imu wird das Fleisch ganz langsam gegart, sodass es besonders zart und saftig wird und eine wunderbare Rauchnote erhält.

Die Hawaiianer richten die fertigen Speisen gerne auf großen Platten an, sodass sich jeder ganz zwanglos selbst bedienen kann. Das Kalua Pig wird für gewöhnlich mit anderen hawaiischen Lieblingsgerichten wie Lau Lau (s. S. 116), Luau-Tintenfisch (s. S. 119), klassischem Ahi-Poke (s. S. 12), Chicken Long Rice (s. S. 108) und Haupia-Pie mit Macadamias (s. S. 144) serviert.

LAU LAU

„Lau" ist das hawaiische Wort für Blatt. Lau Lau werden mit Fisch und Fleisch gefüllte Blätter genannt. Die Zutaten werden zunächst in die essbaren Blätter der Taro-Pflanze, die auf Hawaii Kalo heißt, gewickelt. Damit das Fleisch zart und saftig gart, wickelt man dieses Päckchen anschließend noch in ein Ti-, Bananen- oder Pandan-Blatt. Anstelle der Taro-Blätter kann man ersatzweise auch Spinat oder Blattkohl verwenden. Lau Lau wird normalerweise in riesigen Mengen zu einem Luau oder Schulfest zubereitet. Die Mengenangaben für dieses Rezept habe ich von 50 Portionen auf zwei umgerechnet.

FÜR 2 PORTIONEN

8 große Blattkohl- oder Spinatblätter, von dicken Mittelrippen befreit
100 g Rindfleisch, in 2,5 cm große Würfel geschnitten
100 g Schweinefleisch (durchzogenes Schulterstück), in 2,5 cm große Würfel geschnitten
100 g Kohlenfisch- oder Lachsfilet, in 2,5 cm große Würfel geschnitten
100 g Taro-Wurzel (alternativ Süßkartoffel oder Yamswurzel), in 2,5 cm große Würfel geschnitten
Steinsalz
2 Ti-Blätter (alternativ Bananen- oder Pandan-Blätter)

AUSSERDEM
Dampfgarer

2 Blattkohl- oder Spinatblätter kreuzförmig übereinanderlegen. Die Hälfte der Füllung aus Fleisch, Fisch und Taro-Wurzel daraufgeben und mit Salz würzen. Die Füllung mit den Blättern umwickeln, sodass ein Päckchen entsteht. Das Päckchen mit 2 weiteren Blattkohl- oder Spinatblättern umwickeln. Zum Schluss das Päckchen auf 1 Ti-Blatt setzen, die Ränder nach oben klappen und fest zusammenschnüren. Das zweite Lau Lau mit den restlichen Zutaten genauso verpacken.

Traditionell wird das letzte Ti-Blatt in der Mitte eingeschnitten und das andere Ende bogenförmig durchgezogen. Einfacher ist es aber, das ganze Päckchen in Alufolie zu wickeln und die Folie fest zu verschließen, sodass keine Feuchtigkeit austreten kann.

Die Päckchen 2 Std. dämpfen. Anschließend mit gedämpftem weißem Reis oder Chicken Long Rice (s. S. 108) servieren.

LUAU-TINTENFISCH

Dies ist ein altes hawaiisches Gericht, das als Beilage zu einem Luau oder als Plate Lunch serviert wird. Statt mit Tintenfisch kann man es auch gut mit Hühnchen zubereiten, das ebenfalls wunderbar mit der milden Süße der Kokosmilch harmoniert. Die traditionell verwendeten Taro-Blätter müssen zunächst mind. 1 Std. in Wasser gekocht werden, damit sie genießbar werden. In meinem Rezept nehme ich stattdessen Spinatblätter, die nicht vorgekocht werden müssen.

FÜR 4 PORTIONEN

2 TL Hawaii-Salz

450 g küchenfertige Tintenfisch-tuben, in Ringe geschnitten

Butter zum Braten

¼ Zwiebel, fein gewürfelt

900 g Spinatblätter (alternativ Blattkohlblätter), von dicken Mittelrippen befreit und gehackt

350 ml Kokosmilch

120 ml fettarme Kondensmilch

Den Tintenfisch salzen und in einem Topf mit schwerem Boden 2–3 Min. in Butter dünsten. Die Zwiebelwürfel zufügen und ca. 2 Min. mitdünsten, bis der Tintenfisch fast durchgegart ist. Darauf achten, dass er nicht zu lange gart.

Spinatblätter, Kokosmilch und Kondensmilch zufügen und alles abgedeckt bei niedriger Hitze in ca. 30 Min. einköcheln lassen. Den Herd abschalten und das Gericht bis zum Servieren warm halten.

Als Plate Lunch zusammen mit anderen Luau-Gerichten wie etwa Kalua Pig (s. S. 109) und Chicken Long Rice (s. S. 108) servieren.

TIPP

Wenn du anstelle von Tintenfisch Hähnchenfleisch verwendest, 235 ml Kokosmilch durch Hühnerbrühe ersetzen.

FLUSSKREBS MIT PAPAYA UND AVOCADO

Hier kommt eine leichte, sehr leckere Variante des Krabbencocktails, die sich gut vorbereiten lässt, wenn Gäste zu Besuch kommen. Das Rezept stammt von meiner Mutter, die die Kombination aus Avocado, Papaya und gerösteten Macadamianüssen liebt. Es schmeckt übrigens auch ohne Krebsfleisch als vegetarischer Salat.

FÜR 4 PORTIONEN ALS VORSPEISE

4 reife Avocados
2 reife Papayas
150 g gegartes Flusskrebsfleisch, abgetropft
1 Frühlingszwiebel, in feine Ringe geschnitten
Salz
frisch gemahlener schwarzer Pfeffer
2 kleine Romanasalatherzen, in einzelne Blätter zerteilt
150 g geröstete Macadamianusskerne, halbiert
Limettenspalten zum Servieren

PAPAYAKERN-DRESSING

6 gehäufte EL Mayonnaise
frisch gepresster Saft von 1 Zitrone
2 EL Weißweinessig
Kerne von 2 Papayas

Avocados und Papayas schälen und entkernen. Die Papayakerne für das Dressing beiseitestellen. Das Avocado- und Papaya-Fruchtfleisch würfeln und in einer Schüssel mit Krebsfleisch und Frühlingszwiebel mischen. Mit Salz und Pfeffer würzen.

Die Zutaten für das Papayakern-Dressing in einen Mixer geben und die Kerne zerkleinern, bis sie aussehen wie grob gemahlene Pfefferkörner.

Das Dressing über die Krebsfleisch-Mischung geben und alles gut vermengen. Etwaige Reste des Dressings im Kühlschrank aufbewahren. Die Krebsfleisch-Mischung portionsweise in 1–2 Salatblättern anrichten. Mit Macadamiahälften garnieren und sofort mit Limettenspalten servieren.

TIPPS

Das Rezept schmeckt auch mit gegarten Garnelen anstelle von Krebsfleisch und mit Mango statt Papaya.

Alternativ zu den Salatblättern kannst du auch Wantan-Teigblätter als Schalen verwenden. Dazu die Teigblätter in gefetteten Muffinförmchen in 8 Min. bei 180 °C oder nach Packungsanleitung goldbraun backen.

HAWAIIAN STYLE RIBS

Ungefähr in der Mitte zwischen Seoul in Korea und Kansas City im US-Bundesstaat Missouri liegt … Hawaii. Diese Lage erklärt möglicherweise die kulinarische Besonderheit bei der Zubereitung von Rippchen. Denn auf den Inseln sind sowohl die koreanischen Kalbi-Rippchen beliebt, die aus der Querrippe vom Rind stammen, als auch die in Kansas City verbreiteten Babybackribs vom Schwein, die mit einer speziellen Würzmischung eingerieben werden.

KALBI-RIPPCHEN

Dieses Rezept gelingt leicht, wenn man das richtige Fleisch hat. Wer die Rippenstücke nicht beim koreanischen oder asiatischen Lebensmittelladen bekommt, kann sie vom Metzger vorbereiten lassen.

FÜR 4 PORTIONEN

500 g Querrippe vom Rind mit Knochen, in einzelnen Stücken (in koreanischem Stil in Scheiben geschnitten, also quer zu den Rippen, nicht dazwischen)
Romanasalat zum Servieren
2 Frühlingszwiebeln, in feine Ringe geschnitten, zum Servieren
Sesamsamen zum Garnieren

FÜR DIE MARINADE

2 Kiwis, das Fruchtfleisch fein gehackt
3 EL frischer Ananassaft
2 EL Reisessig
3 EL helle Sojasoße
1 EL dunkle Sojasoße
2 EL Sesamöl
3 EL Zucker
2 EL Sesamsamen
6 Knoblauchzehen, fein gehackt
4 Bananen-Schalotten, fein gehackt
2 TL frisch gemahlener schwarzer Pfeffer

Das Fleisch 20 Min. ins Gefrierfach legen. Anschließend die Rippenstücke mit den Knochen nach unten auf ein Schneidebrett legen, jeweils mehrere Male seitlich über dem Knochen einschneiden (nicht ganz durchschneiden) und auseinanderklappen, sodass am Ende jeweils ein 1 cm dickes Stück Fleisch entsteht. Das Fleisch plattieren.

Die Zutaten für die Marinade in einer Schüssel verrühren. Die Rippenstücke auf einem großen Blech mit der Hälfte der Marinade einreiben und 1 Std. ziehen lassen.

Den Holzkohlegrill anfeuern. Sobald die Kohle grillfertig ist, diese auf eine Seite des Grills schieben. Das Fleisch über der heißen Holzkohle auf den Rost legen und mit der Hälfte der restlichen Marinade begießen. Einmal wenden und erneut mit Marinade begießen. In mind. 4 Min. rosa (medium) oder nach Wunsch auch länger grillen. Ggf. das Fleisch auf die kühlere Seite des Grills schieben, wenn es außen zu schnell dunkel wird, das Fleisch innen aber noch roh ist.

Die Rippchen auf Salatblättern servieren und mit Frühlingszwiebeln und Sesamsamen bestreuen.

TIPP

Dazu passt Rote Chili-Salsa (s. S. 133), Gochujang-Paste (koreanische Gewürzpaste) oder auch Auberginen-Poke (s. S. 32).

RIPPCHEN „KANSAS CITY STYLE"

Huli-huli heißt wörtlich „wenden, wenden" und bezieht sich darauf, dass das Fleisch beim Garen wiederholt gewendet und begossen wird. Huli-Huli wird aber auch die Soße genannt, die großartig zu der Würzmischung im „Kansas City Style" passt.

FÜR 3 PORTIONEN

1,5–2 kg Babybackribs (Kotelett-rippchen)

FÜR DIE WÜRZMISCHUNG

1 EL Kreuzkümmelsamen
2 EL Koriandersamen
150 g brauner Zucker
4 EL Pimentón de la Vera (spanisches geräuchertes Paprikapulver)
1 EL frisch gemahlener schwarzer Pfeffer
1 EL Cayennepfeffer
3 Knoblauchzehen, gepresst

FÜR DIE HULI-HULI-SOSSE

150 g brauner Zucker
120 ml helle Sojasoße
150 ml Ananassaft
1 ½ TL Sesamöl
½ TL Chiliflocken
6 Knoblauchzehen, fein gehackt
1 Stück Ingwer (ca. 6 cm), fein gehackt

Kreuzkümmel- und Koriandersamen in einer Pfanne leicht anrösten und anschließend im Mörser zerstoßen. Mit den übrigen Zutaten für die Würzmischung in einer Schüssel vermengen. Die Rippchen mit der Mischung einreiben und 30–60 Min. ruhen lassen.

Für die Huli-Huli-Soße alle Zutaten in einer Schüssel verrühren. Ein Teil wird zum Marinieren verwendet, ein Teil zum Begießen und der Rest wird später zum fertigen Gericht gereicht.

Die Rippchen mit etwas Huli-Huli-Soße einpinseln und entweder bei 110 °C mind. 4 Std. im Räucherofen räuchern. Dazu die Rippchen nach 2 Std. mit Alufolie abdecken und nach 1 weiterer Std. die Alufolie wieder entfernen. Während der letzten Stunde im Räucherofen die Rippchen mehrmals wenden und mit Huli-Huli-Soße begießen.

Alternativ kannst du die Rippchen auch im Backofen zubereiten. Dazu den Ofen auf 160 °C vorheizen. Einen Bräter mit Alufolie auskleiden. Die Rippchen mit der gebogenen Seite nach unten auf die Folie legen, mit Alufolie abdecken und 1 ½ Std. garen. Die Alufolie entfernen, die Rippchen wenden und mit Bratensaft und Huli-Huli-Soße begießen. 30 Min. braten, dann erneut wenden und begießen. Weitere 30 Min. braten, dabei stets mit Soße und Bratensaft begießen. Garprobe machen! Zum Schluss die Rippchen mit der Fleischseite nach oben bei höchster Stufe unter dem Backofengrill 3 Min. bräunen.

Die Rippchen mit der restlichen Huli-Huli-Soße servieren. Dazu passen Rote Chili-Salsa (s. S. 133) und Ananas-Chili-Salsa (s. S. 134).

BEILAGEN, SALSAS & PICKLES

AROMENBALANCE UND GESCHMACKSKONTRASTE

BROTFRUCHTPÜREE

*„Ulu Mash", das Püree aus der südpazifischen Brotfrucht (Ulu), ist auf Hawaii eine
beliebte Alternative zu Kartoffelbrei. Ich mache das Püree mit Knoblauch und
Butter, nach einem alten Aunty-Rezept.*

FÜR 6 PORTIONEN

1 große Brotfrucht*
3 Knoblauchzehen, geschält
Salz
Butter nach Geschmack
Schnittlauch, gehackt, zum Servieren
frisch gemahlener schwarzer Pfeffer

* Die Frucht sollte grün sein und das reife
Fruchtfleisch auf Druck etwas nachgeben,
dabei sollte es aber nicht zu weich sein.
Die Brotfrucht noch am selben Tag verarbeiten, da sie schnell nachreift und am
nächsten Tag schon zu süß sein könnte.
Wenn du die Frucht länger lagern möchtest, solltest du sie noch unreif und fest
kaufen, damit sie zu Hause nachreifen
kann.

Die Brotfrucht mit einem scharfen Messer schälen, längs
halbieren und entkernen. Das Fruchtfleisch in 2,5 cm große
Würfel schneiden.

Wasser in einem großen Topf zum Kochen bringen.
Brotfrucht mit Knoblauch und 1 EL Salz zugeben und ca.
20 Min. kochen, bis die Fruchtwürfel weich sind. Brotfrucht und Knoblauch herausnehmen, abtropfen lassen, mit
Butter in eine große Schüssel geben und mit dem Kartoffel-
stampfer zu einem feinen Püree verarbeiten. Die Brotfrucht ist etwas fester als Kartoffeln, daher ist das Stampfen
mühsam; ggf. etwas kochendes Wasser zufügen, damit das
Püree eine geschmeidige Konsistenz bekommt. Mit Salz abschmecken. 1 Klecks Butter daraufgeben, mit Schnittlauch
und Pfeffer bestreuen und sofort servieren.

TIPP
Für eine vegane Variante die Butter durch Olivenöl ersetzen.

SPARGELBROKKOLI MIT MISO

*Die Misopaste verleiht dem Spargelbrokkoli eine japanische Note und macht das
Gemüse zu etwas ganz Besonderem.*

FÜR 4 PORTIONEN

400 g Spargelbrokkoli
4 EL Sesamsamen
1 EL helle Sojasoße
1 EL Chinkiang-Essig
  (schwarzer Reisessig)
1 TL flüssiger Honig
1 TL Ketjap Manis (süße
  Sojasoße)

½ TL Sesamöl
2 EL helle Misopaste
1 rote Chilischote, in
  Ringe geschnitten

Spargelbrokkoli 3–4 Min. dämpfen. Die Sesamsamen
in einer Pfanne ohne Fett goldbraun rösten. Drei
Viertel davon im Mörser fein zerstoßen.

Zerstoßenen Sesam, Sojasoße, Essig, Honig,
Ketjap Manis, Sesamöl und Misopaste kurz cremig
mixen.

Spargelbrokkoli auf einem Teller anrichten, mit
den restlichen Sesamsamen und Chili bestreuen und
mit der Soße zum Dippen servieren.

GRÜNE BOHNEN MIT SESAM

In der hawaiischen Küche wird viel mit Sesam und Soja gekocht – so auch in diesem Gericht, das durch die Sesamsamen einen schönen Biss bekommt.

FÜR 4 PORTIONEN

500 g grüne Bohnen
2 EL Sesamsamen
3 EL dunkle Sojasoße

Die Bohnen putzen, dämpfen und anschließend in kaltem Wasser abschrecken, damit sie knackig bleiben und ihre Farbe behalten.

Die Bohnen diagonal in 2 cm lange Stücke schneiden. Die Sesamsamen in einer Pfanne ohne Fett goldbraun rösten und im Mörser grob zerstoßen. Die Bohnen in einer Schüssel mit Sojasoße und Sesam vermengen.

MAISKOLBEN MIT CHILIBUTTER

Eins meiner Lieblingsgerichte, das mich direkt nach Südkalifornien katapultiert, wo ich die Maiskolben auf dem Wochenmarkt kaufe und anschließend über Eichenfeuer röste.

FÜR 4 PORTIONEN

4 Maiskolben mit Hüllblättern
2–3 EL Butter
1 kleines Bund Koriandergrün, fein
  gehackt
½ TL Cayennepfeffer
1 Prise Salz
1 Spritzer frisch gepresster Limettensaft

Den Backofen auf 200 °C vorheizen. Die äußeren Hüllblätter der Maiskolben entfernen. Die Kolben mit den restlichen Hüllblättern im Backofen oder auf dem Grill je nach Größe in ca. 35 Min. weich garen. Anschließend die restlichen Hüllblätter entfernen und die Maiskolben in einer Grillpfanne rösten, bis der gewünschte Bräunungsgrad erreicht ist.

In der Zwischenzeit die Butter in einem Topf bei niedriger Temperatur zerlassen und mit Koriandergrün und Cayennepfeffer vermengen. Die Maiskolben in der Buttermischung wenden, mit Salz würzen und mit Limettensaft beträufeln. Sofort servieren.

TIPP
Mit 1 TL Roter Salsa (s. S. 135) oder einer anderen Chilisoße servieren.

YUZU-MANGO-SALSA

Diese Salsa passt perfekt zum Lachs-Poke. Sie ist leicht, frisch und schmeckt säuerlich-herb – die ideale Kombination.

FÜR 4 PORTIONEN

2 reife Mangos, entsteint
3 Frühlingszwiebeln, grob gehackt
2 kleine rote Chilischoten, grob gehackt
2 EL Yuzu-Saft
4 EL Apfelsaft

1 Mango klein würfeln. Die zweite Mango mit den restlichen Zutaten im Mixer fein pürieren und anschließend mit der gewürfelten Mango in einer Schüssel vermischen.

TOMATILLO-SALSA

Die aus Kalifornien und Mexiko stammende Salsa passt gut zu Tacos und Nachos.

FÜR 4 PORTIONEN

6 Tomatillos, von der Hülle befreit
frisch gepresster Saft von 1 Limette
2 Knoblauchzehen, grob gehackt
1 Zwiebel, grob gehackt
Salz
1 große Handvoll Koriandergrün

Eine Gusseisenpfanne vorheizen und die Tomatillos darin kurz anrösten; sie müssen dabei nicht weich werden. Die Tomatillos im Mixer mit den restlichen Zutaten pürieren, ggf. etwas Wasser zugeben, falls die Masse zu dickflüssig ist.

GERÖSTETE MAIS-SALSA

Diese Salsa ist äußerst beliebt bei den Gästen von Island Poké. Die gerösteten Maiskörner sorgen für eine besondere Textur und einen Geschmack, der perfekt zu Poke passt.

FÜR 2 PORTIONEN

2 Maiskolben (alternativ 250 g TK-Mais)
frisch gepresster Saft von 1 Limette
2 rote Chilischoten, fein gehackt
1 Zwiebel, fein gehackt
1 Handvoll Koriandergrün, gehackt
2 EL Olivenöl
Salz
frisch gemahlener schwarzer Pfeffer

AUSSERDEM
Flambierbrenner

Hüllblätter und Fäden von den Maiskolben entfernen. Eine gusseiserne Grillpfanne bei hoher Temperatur vorheizen und die Maiskolben darin von allen Seiten braun rösten. Der Mais muss nicht weich garen. Herausnehmen und die Maiskörner mit einem Messer vom Kolben schneiden. Alternativ TK-Maiskörner in einem Topf mit Wasser 5 Min. kochen und abgießen.

Die Maiskörner auf einem Backblech verteilen und mit dem Flambierbrenner auf der Oberseite nachbräunen.

Limettensaft, Chili, Zwiebel, Koriandergrün und Mais in einer Schüssel vermischen. Olivenöl darüberträufeln und die Salsa mit Salz und Pfeffer würzen.

ROTE CHILI-SALSA

Dies ist eine klassische Salsa, die aus getrockneten Chilischoten wie Poblana (Ancho), Pasilla, Guajillo oder New Mexico hergestellt wird. Die unterschiedlichen süßen, nussigen oder rauchigen Aromen der verschiedenen Sorten werden noch verstärkt, wenn man die Schoten leicht röstet. Für diese Salsa kannst du die Chilis nach Wunsch kombinieren, traditionell werden für mehr Geschmackskomplexität verschiedene Sorten gemischt. Einen guten Kontrast zu dieser scharfen Salsa bildet die frische Pico de Gallo (s. S. 134).

FÜR 6 PORTIONEN

6 aromatische getrocknete Chilischoten aus Mexiko (z. B. Poblana,
   Pasilla, Guajillo, New Mexico)
4 kleine scharfe Chilischoten
   (z. B. Pequin, Thai-Chili, Chipotle)
150 g Sultaninen oder Trockenpflaumen (optional)

Die Chilischoten in einer Gusseisenpfanne ohne Fett leicht rösten; aufpassen, dass sie nicht anbrennen.

Wasser in einem großen Topf zum Kochen bringen, die Hitze reduzieren, die Chilischoten hineingeben und 10 Min. köcheln lassen. Die Herdplatte abschalten und die Schoten im heißen Wasser mind. 1 Std. rehydrieren lassen, dabei darauf achten, dass die Schoten vollständig mit Wasser bedeckt sind. Sobald sie rehydriert sind, die Schoten herausnehmen, vom Stielansatz befreien und im Mixer pürieren, bis die Konsistenz einer Salsa erreicht ist; ggf. etwas Wasser zufügen.

Wenn die Salsa etwas fruchtiger schmecken soll, Sultaninen oder Trockenpflaumen zum Rehydrieren zu den Schoten ins Kochwasser geben und anschließend im Mixer mit pürieren.

PICO DE GALLO

Diese vielseitige, frische Salsa stammt aus Mexiko und Südkalifornien und eignet sich perfekt zum Würzen von Tacos. Außerdem passt sie besonders gut zu Ceviche und Poke. Sie bildet einen schönen Kontrast zu allen Salsas, die aus getrockneten Chilischoten oder Tomatillos zubereitet werden, und schmeckt einfach unwiderstehlich!

FÜR 3 PORTIONEN

4 Tomaten, gehackt
1 Handvoll Koriandergrün, gehackt
1 Zwiebel, fein gehackt
1 Jalapeño, fein gehackt
frisch gepresster Saft von 1 Limette
Salz

Tomaten, Koriandergrün, Zwiebel und Jalapeño in einer Schüssel mit dem Limettensaft vermischen und mit Salz würzen.

ANANAS-CHILI-SALSA

Diese fruchtige Salsa führt in Kombination mit Poke zu wahren Geschmacksexplosionen. Sie passt aber auch gut zu Fisch-Tacos und anderen hawaiischen Gerichten. Am besten schmeckt sie frisch zubereitet.

FÜR 4 PORTIONEN

1 mittelgroße Ananas, das
    Fruchtfleisch gewürfelt
1 ½ Zwiebeln, fein gehackt
2 rote Chilischoten, fein
    gehackt
frisch gepresster Saft von
    1 Limette
Salz

Ananas, Zwiebeln und Chilis in einer Schüssel mit dem Limettensaft vermischen und mit Salz würzen.

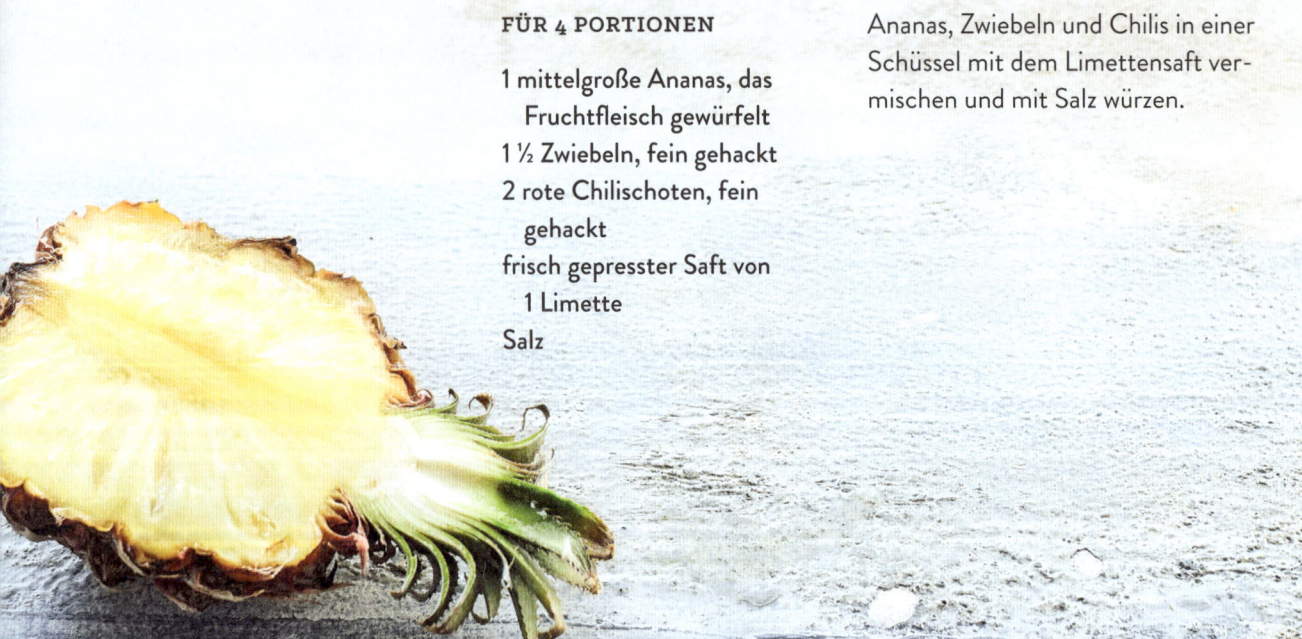

ROTE SALSA

Diese scharfe Chilisoße ist der perfekte Begleiter für die unterschiedlichsten Gerichte, von Quesadillas und Fisch-Tacos bis hin zu Ceviche. In einem meiner Lieblingsrestaurants in Santa Barbara wird sie großzügig über die Aguachile-Garnelen geträufelt. Ich gehe nur wegen dieser Salsa dorthin. Am besten bereitest du gleich eine größere Menge davon zu und hast sie im Kühlschrank immer griffbereit.

FÜR 6 PORTIONEN

6 lange rote Chilischoten
3 Knoblauchzehen, geschält
1 EL Kreuzkümmelsamen
400 g geschälte Tomaten (Dose)
Salz

Eine Gusseisenpfanne stark vorheizen. Die Chilischoten ohne Fett in der sehr heißen Pfanne von allen Seiten braun anrösten. Den Knoblauch zufügen und kurz mitrösten. Beiseitestellen.

Den Kreuzkümmel in einer kleinen Pfanne ohne Fett hellbraun rösten und anschließend im Mörser zerstoßen.

Die vorbereiteten Zutaten im Mixer mit den Tomaten glatt pürieren. Mit Salz würzen. Abkühlen lassen und etwas Wasser unterrühren, bis eine zum Beträufeln optimale Konsistenz erreicht ist.

Die Salsa wie den Kalua-Chipotle-Ketchup in Flaschen füllen (s. S. 136) oder im Kühlschrank lagern; dort hält sich die Soße bis zu 1 Woche.

TERIYAKI-SOSSE

Ursprünglich aus Japan stammend, wird die Soße auf Hawaii vor allem zu Hähnchen-, Lachs- und Rindfleischgerichten, aber auch zu Nudeln und Reis und als Gemüsedip serviert. Die Soße sollte eine sirupartige Konsistenz haben und angenehm süß und zugleich herzhaft schmecken. Wenn du sie nicht mit Stärke abbindest, kannst du sie als Marinade verwenden.

ERGIBT 350 ML

120 ml Sojasoße
1 ½ EL Honig
1 ½ TL frisch geriebener Ingwer
1 TL frisch geriebener Knoblauch
2 EL Mirin (Reiswein)
4 EL Demerara- oder Turbinado-
　Zucker
2 EL Speisestärke

Alle Zutaten außer der Stärke in einem Topf mischen. 60 ml Wasser zufügen und erhitzen, nicht kochen. Die Stärke mit 3 EL kaltem Wasser glatt rühren und in die Soße geben. Alles unter Rühren weiter erhitzen, bis die Soße eine sirupartige Konsistenz hat. Vom Herd nehmen und abkühlen lassen; sie dickt dabei noch etwas ein. Sollte die Konsistenz zu dickflüssig ist, etwas Wasser einrühren.

Die Teriyaki-Soße in ein sterilisiertes Gefäß füllen. Sie hält sich ca. 1 Monat im Kühlschrank.

Für mehr Exotik anstatt Wasser dieselbe Menge Ananassaft verwenden.

KALUA-CHIPOTLE-KETCHUP

Diese mexikanische Soße hat alles, was man sich wünscht: feurige Schärfe und eine schöne Rauchnote. Die perfekte Grillmarinade!

**ERGIBT 4 FLASCHEN
(À 150 ML INHALT)**

3 Dosen geschälte Tomaten (à 400 g)
3 EL dunkle Sojasoße
3 EL Muscovado-Zucker
1 TL Fischsoße
1 EL Mirin (Reiswein)
3 EL Chipotle-Paste

Die Tomaten in einem Topf langsam erhitzen. Sojasoße, Zucker, Fischsoße und Mirin zufügen und alles unter Rühren kurz köcheln lassen. Die Chipotle-Paste untermischen und die Soße in weiteren 30 Min. leicht reduzieren lassen. Anschließend im Mixer fein pürieren.

4 kleine Glasflaschen in kochendem Wasser oder in der Mikrowelle sterilisieren. Die warme Soße einfüllen und die Flaschen verschließen. An einem trockenen, dunklen Ort aufbewahren. Nach dem Öffnen innerhalb 1 Woche aufbrauchen.

CHIPOTLE-CREME

Eine cremige und etwas mildere Version des Chipotle-Ketchups, die zu fast allem passt.

FÜR 4 PORTIONEN

1 EL Kalua-Chipotle-Ketchup
  (s. S. 136; alternativ Chipotle-Paste)
2 EL Crème double
1 EL Mayonnaise

Alle Zutaten in einer Schüssel vermischen.

FRITTIERTE SCHALOTTEN

Die knusprigen Schalottenringe verleihen jeder Poke Bowl einen schönen Crunch.

FÜR 4 PORTIONEN

4 Schalotten, in feine Ringe
  geschnitten
Pflanzenöl zum Braten
3 EL Mehl

Die Schalotten 5 Min. bei mittlerer Hitze in einer Pfanne mit etwas Öl anschwitzen. Mit einem Schaumlöffel herausnehmen, auf Küchenpapier abtropfen lassen und mit etwas Mehl bestäuben. Zurück in die Pfanne geben und bei hoher Temperatur in 1 Min. goldbraun und knusprig braten.

PICKLES

Die leckeren Pickles werden als Beilagen zu den moderneren Poke-Varianten serviert. Sie sorgen dafür, Aromen zu verstärken oder
auszugleichen und Zunge und Gaumen zu neutralisieren. Manche
Pickles haben einen feinen Geschmack, andere sind richtige Aro-
mafeuerwerke. Auf Hawaii versteht man unter Pickles eher haltbar
gemachtes Gemüse wie das japanische Tsukemono und weniger pikant Eingelegtes im herkömmlichen Sinn. Es empfiehlt sich daher,
beim Zubereiten und Genießen die japanische kulinarische Brille
aufzusetzen.

EINGELEGTE GURKEN

FÜR 6 PORTIONEN

2 Gurken, in feine Scheiben
 geschnitten
1 EL Salz
120 g getrocknete Hijiki-
 Algen (alternativ Arame-
 Algen)
235 ml Reisessig
180 g Zucker
1 TL schwarze Sesamsamen

Die Gurken auf einem großen
Teller verteilen. Mit Salz bestreu-
en und 10 Min. ziehen lassen,
anschließend trocken tupfen.

Die Algen in einer kleinen
Schüssel 10 Min. in warmem Wasser einweichen. Das Wasser abgießen und die Algen ausdrücken.

Essig und Zucker in einem
mittelgroßen Topf mit 235 ml
Wasser aufkochen, bis sich der
Zucker aufgelöst hat. Den Herd
abschalten, Gurkenscheiben,
Algen und Sesamsamen zugeben.
Die Mischung in ein sterilisiertes
Gefäß füllen, sodass die Gurken
komplett von der Flüssigkeit bedeckt sind. Abkühlen lassen, dann
kalt stellen und einige Tage ziehen
lassen. Innerhalb 1 Monats aufbrauchen.

EINGELEGTE SCOTCH BONNETS

**ERGIBT 1 EINMACHGLAS
(À 1 L INHALT)**

500 ml Essig (250 ml Weißwein-
 und 250 ml Rotweinessig)
2 EL Zucker
2 TL Salz
1 TL Pimentkörner
280 g Scotch Bonnets

Essig, Zucker und Salz in einem
mittelgroßen Topf mit 120 ml
Wasser kochen, bis sich der
Zucker aufgelöst hat. Die Pimentkörner zugeben und den Sud etwas
abkühlen lassen.

Die Scotch Bonnets von den
Stielansätzen befreien, in einen
zweiten Topf geben und mit Wasser bedecken. Aufkochen und
1 Min. kochen lassen, anschließend
durch ein Sieb abgießen und in
das sterilisierte Einmachglas füllen. Den Essigsud bis 1 cm unter
den oberen Rand zugeben und
das Glas verschließen. Die Scotch
Bonnets vor dem Verwenden einige Tage ziehen lassen. Sie halten
sich mehrere Monate im Kühlschrank.

TIPP
Scotch Bonnets nur mit Handschuhen verarbeiten und dabei
nicht die Augen berühren.

EINGELEGTER INGWER

**ERGIBT 1 EINMACHGLAS
(À 500 ML INHALT)**

250 g frischer Ingwer (möglichst
 jung), in dünne Scheiben geschnitten
1 EL Meersalz
60 g Zucker
300 ml Reisessig

Den Ingwer in eine Schüssel geben
und mit dem Salz vermischen.
Abgedeckt mind. 2 Std. kalt stellen. Den Ingwer ausdrücken, um
Salz und Flüssigkeit zu entfernen,
und anschließend in das Einmachglas füllen.

Die restlichen Zutaten mit
3 EL Wasser in einem kleinen
Topf aufkochen und köcheln lassen, bis sich der Zucker aufgelöst
hat. In das Einmachglas füllen und
etwas abkühlen lassen, anschließend das Glas verschließen. Den
Ingwer vor der Verwendung mind.
3 Tage ziehen lassen, damit sich
die Aromen entfalten und der Ingwer seine Schärfe verliert.

TIPP
Junger Ingwer verfärbt sich beim
Einlegen rosa. Wenn du älteren
Ingwer verwendest, kannst du
2 Tropfen rote Lebensmittelfarbe
in das Einmachglas geben, um
den gleichen Effekt zu erzielen.

EINGELEGTE SHIITAKE

ERGIBT 1 EINMACHGLAS (À 1 L INHALT)

100 g getrocknete Shiitake
1 kleines Stück Ingwer, in feine Streifen geschnitten
350 ml dunkle Sojasoße
350 ml Reisessig
250 g Zucker

Die Pilze in einen mittelgroßen Topf geben. Den Topf zur Hälfte mit kochendem Wasser auffüllen, sodass die Pilze bedeckt sind. Die Pilze mit einem Teller beschweren, damit sie vollständig unter Wasser sind, und mind. 15 Min. einweichen.

Mind. 250 ml Einweichwasser abnehmen, den Rest abgießen. Die Pilze, das Einweichwasser sowie die restlichen Zutaten zurück in den Topf geben und vermischen. Aufkochen, die Temperatur reduzieren und die Pilze ohne Deckel 30 Min. köcheln lassen, dabei gelegentlich umrühren. Den Topf vom Herd nehmen und alles abkühlen lassen.

Die Shiitake mit der Flüssigkeit in das Einmachglas füllen und vor der Verwendung mind. 2 Tage kalt stellen. Sie halten sich im Kühlschrank bis zu 2 Wochen.

EINGELEGTE MANGOS

ERGIBT 2 EINMACHGLÄSER (À 500 ML INHALT)

1 kg grüne Mangos, in dünne Spalten geschnitten
10 Li Hing Mui (gesalzene Trockenpflaumen) ohne Stein
4 rote Chilischoten, längs halbiert
500 ml Apfelessig plus 2 EL extra
250 g Zucker
60 g Meersalz

Mangos mit Pflaumen und Chilis in die Einmachgläser geben.

Essig, Zucker und Salz in einem mittelgroßen Topf aufkochen, bis sich Zucker und Salz aufgelöst haben. Vom Herd nehmen und leicht abkühlen lassen.

Den Sud in die Einmachgläser füllen und diese verschließen. Abkühlen lassen, in den Kühlschrank stellen und mind. 1 Tag ziehen lassen. Dunkel und trocken gelagert, halten sich die Mangos bis zu 1 Jahr.

TIPP

Li Hing Mui, die gesalzenen Trockenpflaumen, sind in den meisten Asialäden erhältlich. Grüne Mangos werden im Supermarkt als unreife Früchte verkauft. Keine reifen Mangos verwenden.

ANANAS-GURKEN-KIMCHI

ERGIBT 2 EINMACHGLÄSER (À 500 ML INHALT)

2 Gurken, in 2,5 cm große Stücke geschnitten
2 EL koscheres Salz
1 nicht zu reife Ananas, das Fruchtfleisch in 2,5 cm große Stücke geschnitten
1 grüne Mango, in 5 cm lange Spalten geschnitten
3 Frühlingszwiebeln, in Ringe geschnitten

FÜR DIE MARINADE

½ Nashi-Birne, gewürfelt
3 EL koreanisches Chilipulver (Asialden)
1 ½ EL Fischsoße
2 EL Reisessig
2 TL frisch geriebener Ingwer
4 Knoblauchzehen, fein gehackt
2 ½ TL Zucker

Die Gurken in eine Metallschüssel geben, mit Salz bestreuen und 20 Min. ziehen lassen. Danach abspülen und abtropfen lassen.

Die Zutaten für die Marinade glatt pürieren. Ananas, Mango, Frühlingszwiebeln und Gurken in einer Schüssel mit der Marinade vermischen. In die Einmachgläser geben, mit der restlichen Marinade auffüllen und die Gläser verschließen. Bei Zimmertemperatur 12 Std. ziehen lassen, anschließend 24–48 Std. kalt stellen. Das Ananas-Gurken-Kimchi hält sich 2–3 Wochen im Kühlschrank.

DESSERTS,
GEBÄCK & DRINKS

ZAUBERN DIR EIN LÄCHELN INS GESICHT

HAUPIA-PIE MIT MACADAMIAS

Haupia ist der klassische hawaiische Kokospudding. Er wird normalerweise in rechteckig geschnittenen Stücken auf einem Ti-Blatt als Dessert bei einem Plate Lunch oder Luau serviert. Ich verwende Haupia am liebsten für einen leckeren Kuchen: auf einem Keksboden mit karamellisierten Macadamias als Topping – eine unschlagbare Kombination.

**FÜR 1 SPRINGFORM
(Ø 23 CM; 8 STÜCKE)**

FÜR DEN KEKSBODEN
250 g Vollkornkekse (z. B. Graham Crackers; alternativ Vollkornbutter-kekse)
170 g Butter, geschmolzen, plus etwas für die Form
100 Puderzucker

FÜR DIE HAUPIA-CREME
75 g Speisestärke
400 ml Kokosmilch
100 g Puderzucker

FÜR DAS TOPPING
100 g karamellisierte oder honig-geröstete Macadamianusskerne, gehackt

Den Backofen auf 190 °C vorheizen. Die Springform fetten und am Boden mit Backpapier auslegen.

Die Kekse in einen Gefrierbeutel geben und mit dem Nudelholz fein zerstoßen. Alternativ in der Küchenmaschine zerkleinern. Keksbrösel, flüssige Butter und Zucker in einer Schüssel gut vermischen. Die Mischung in der Springform verteilen und andrücken. Den Boden 10 Min. im Ofen backen, dann auskühlen lassen.

Für die Haupia-Creme die Stärke mit 235 ml Wasser verrühren und beiseitestellen. Kokosmilch und Zucker in einem Topf mit 120 ml Wasser bei hoher Temperatur aufko-chen. Die angerührte Stärke untermischen und alles bei mittlerer Hitze unter Rühren eindicken lassen. Die Haupia-Creme auf dem Keksboden verteilen. Den Kuchen auf Zimmertemperatur abkühlen lassen und anschließend kalt stellen.

Den Haupia-Pie vorsichtig aus der Form lösen und vor dem Servieren mit Macadamianüssen bestreuen.

TIPP

Lege Bananenscheiben auf den Keksboden, bevor du die Creme einfüllst. Vor dem Servieren geschlagene Sahne und Macadamias als Toppings auf dem Kuchen verteilen. An-stelle der Vollkornkekse kannst du auch Schokoladenkekse mit Vanillecreme oder Haferkekse verwenden.

HAFERSCHNITTEN MIT BLAUBEEREN UND PEKANNÜSSEN

Diese Schnitten sind eine gute Alternative zu Frühstücksriegeln und ein gesunder und leckerer Snack. Den Ahornsirup kannst du durch Apfelsaft oder ein Süßungsmittel deiner Wahl ersetzen.

FÜR 1 RECHTECKIGE BACKFORM (20 X 30 CM; 6–8 STÜCKE)

300 g kernige Haferflocken
250 g Blaubeeren
½ reife Banane
225 ml Haferdrink
1 ½ TL Vanillepulver
115 ml Ahornsirup
150 g Pekannusskerne

AUSSERDEM
zerlassenes Kokosöl für die Form

Den Backofen auf 180 °C vorheizen. Die Backform mit Kokosöl fetten und mit Backpapier auslegen.

Haferflocken, 125 g Blaubeeren, Banane, Haferdrink, Vanillepulver und Ahornsirup im Mixer grob zerkleinern. Die Mischung in einer Schüssel mit der Hälfte der restlichen Blaubeeren vermengen. 100 g Pekannüsse grob hacken und unterrühren.

Die Mischung in der Backform verteilen. Die restlichen Blaubeeren und Pekannüsse darüberstreuen. Den Kuchen in 15–20 Min. hellbraun backen. Auskühlen lassen und in Stücke schneiden.

TIPP
Du kannst die Schnitten auch mit Rosinen, Walnüssen, Erdbeeren oder Kokosraspeln backen; die Blaubeer- und Bananenmenge dann entsprechend reduzieren.

NANAS FRÜCHTEBROT

Jede Aunty oder Nana auf Hawaii hat ihr eigenes Rezept für Früchtebrot. Aber meist variieren die Zutaten für den Teig von Mal zu Mal. Du kannst das Rezept nach Gusto mit verschiedenen Früchten, Gemüsesorten, Nüssen oder Kernen ausprobieren und so dein eigenes Lieblings-Früchtebrot kreieren.

**FÜR 2 KASTENFORMEN
(FÜR JE 900 G)**

390 g Vollkornweizenmehl
200 g weißer oder brauner Zucker
1 TL Salz
¾ TL Backpulver
1 TL Natron
1 TL Zimt
2 Eier, leicht verquirlt
235 ml Sonnenblumenöl
2 TL Vanille-Extrakt (alternativ das
   Mark von 1 Vanilleschote)
400 g reife Bananen, mit einer Gabel
   zerdrückt
200 g ungesalzene Macadamia- oder
   Pekannusskerne, gehackt
200 g getrocknete Cranberrys

AUSSERDEM
zerlassenes Kokosöl für die Formen
2 TL Zucker zum Bestreuen
Butter zum Servieren

Den Backofen auf 160 °C vorheizen. Die Kastenformen mit Kokosöl fetten.

Mehl, Zucker, Salz, Backpulver, Natron und Zimt in einer Schüssel vermengen.

In einer zweiten großen Schüssel Eier, Öl und Vanille verrühren. Anschließend die Mehl-Zucker-Mischung unterrühren, sodass eine krümelige Masse entsteht. Die Bananen einarbeiten und zum Schluss Nüsse und Cranberrys unterheben.

Den Teig auf die Kastenformen verteilen. Die Früchtebrote jeweils mit 1 TL Zucker bestreuen und 1 Std. backen, ggf. Garprobe machen.

Die Kuchen 5 Min. in der Form abkühlen lassen, dann auf ein Kuchengitter stürzen und auskühlen lassen. Vor dem Servieren in Scheiben schneiden und nach Belieben unter dem Grill (nicht im Toaster) erwärmen. Mit Butter servieren.

TIPP
Du kannst die Banane durch geriebene rohe Zucchini ersetzen oder nach Wunsch Schokotropfen in den Teig geben. Anstelle von Cranberrys schmecken auch Kokosraspel oder andere Trockenfrüchte wie Rosinen oder gehackte Mangos.

GRANDMA BETSYS SCHOKO-MOCHI

Mochi ist ein japanisches Süßgebäck aus Reismehl mit einer weichen, klebrigen Konsistenz. Dieses Mochi-Rezept ist eine Spezialität meiner Aunty Jo, die es wiederum von ihrer Mutter, Grandma Betsy, geerbt hat. Netterweise hat sie mir erlaubt, es hier zu verwenden. Anders als das japanische Vorbild ist diese Version eher eine Art Kuchen und für mich einer der Höhepunkte unserer Familienfeste.

**FÜR 1 RECHTECKIGE BACKFORM
(23 X 33 CM; 24 STÜCKE)**

285 g Mochiko-Mehl (japanisches
  Klebreismehl)
350 g Puderzucker
3 EL Kakaopulver
1 EL Natron
2 Eier
340 ml Kondensmilch
340 ml Kokosmilch
60 g Butter, zerlassen und abgekühlt
2 TL Vanille-Extrakt

AUSSERDEM
Butter oder zerlassenes Kokosöl für
  die Form
Kakaopulver, Puderzucker und
  Mochiko zum Bestäuben

Den Backofen auf 180 °C vorheizen. Die Backform mit Butter oder Kokosöl fetten und mit Backpapier auslegen.

Die trockenen Zutaten in einer großen Schüssel vermischen. Die Eier in einer zweiten Schüssel leicht verquirlen und anschließend Kondensmilch, Kokosmilch, Butter und Vanille-Extrakt unterrühren. Die Eier-Mischung zu den trockenen Zutaten geben und alles zu einem glatten Teig verrühren.

Den Teig in die Backform füllen und 1 Std. backen, gegen Ende eine Garprobe machen. Den Kuchen in der Form auskühlen lassen. Mit etwas Kakaopulver, Puderzucker und Mochiko bestäuben und in Stücke schneiden.

HAWAIISCHE MALASADAS

Eigentlich stammt das krapfenähnliche Gebäck, das mit Zucker bestreut und unterschiedlich gefüllt wird, aus Portugal. Auf Hawaii gibt es die angeblich besten Malasadas in Leonard's Bakery in Honolulu. Die Malasadas nach meinem Rezept sind mit Guaven- oder Yuzu-Creme gefüllt.

FÜR 24 STÜCK

FÜR DIE MALASADAS
3 Eier (Größe L)
70 g weiche Butter
150 g Zucker plus etwas zum
    Bestreuen
1 TL Salz
700 g Mehl plus etwas extra
2 Pck. Trockenhefe (14 g)
235 ml lauwarmes Wasser
90 ml Kondensmilch
2 TL Vanille-Extrakt
Pflanzenöl zum Frittieren

FÜR DIE GUAVEN-CREME
475 ml Guavensaft
2 Eier
2 Eigelb
2 EL Zucker
30 g weiche Butter

Für die Malasadas 1 Ei, Butter, Zucker und Salz in der Küchenmaschine mit dem Knethaken vermischen. 650 g Mehl und die Hefe zugeben und 1 Min. verkneten. Lauwarmes Wasser, Kondensmilch und Vanille-Extrakt untermischen. Die restlichen Eier und anschließend das restliche Mehl zufügen und den Teig ca. 10 Min. kneten, bis er sich von der Schüsselwand löst. Ist er zu klebrig, noch etwas Mehl zugeben. Den Teig in der Schüssel zu einer Kugel formen, die Schüssel mit Frischhaltefolie abdecken und den Teig mind. 2 Std. bei Zimmertemperatur oder über Nacht im Kühlschrank auf die doppelte Größe aufgehen lassen.

Anschließend den Teig kräftig durchkneten und in zwei gleich schwere Portionen teilen. Die Teigstücke auf der bemehlten Arbeitsfläche jeweils 1 cm dick zu einem Rechteck ausrollen und jedes Rechteck in 4 cm x 5 cm große Stücke schneiden. Die Stücke auf zwei mit Backpapier ausgelegten Backblechen verteilen, mit Frischhaltefolie abdecken und erneut auf die doppelte Größe gehen lassen.

In der Zwischenzeit für die Guaven-Creme den Guavensaft in einem Topf mit schwerem Boden aufkochen und 30 Min. köcheln lassen, bis die Flüssigkeit sirupartig auf 120 ml eingekocht ist. In eine Schüssel füllen und auskühlen lassen.

Eier, Eigelbe, Zucker und die Hälfte der Butter zum eingekochten Guavensaft geben und mit dem Schneebesen verrühren. Die Masse anschließend über dem warmen Wasserbad 25–30 Min. langsam aufschlagen, bis sie eine cremige Konsistenz bekommt. Wenn sich Blasen in der Flüssigkeit bilden, noch ca. 1 Min. weiterschlagen, dann die Schüssel aus dem Wasserbad nehmen. Die restliche Butter einrühren. Frischhaltefolie auf die Oberfläche legen, damit sich keine Haut bildet, und die Creme kalt stellen.

FÜR DIE YUZU-CREME

FÜR DIE YUZU-CREME

4 Eigelb

400 ml Vollmilch

120 g Puderzucker

50 g Mehl

60–70 g weiße Schokolade, grob
  gehackt

2 EL Yuzu-Saft

Für die Yuzu-Creme die Eigelbe mit der Hälfte der Milch auf-schlagen. Zucker und Mehl zufügen und alles glatt rühren. Die restliche Milch in einem kleinen Topf leicht köcheln lassen, die Eiermischung zugeben und die Masse mit dem Schneebesen kräftig aufschlagen. Durch ein Sieb streichen, zurück in den Topf füllen und unter Rühren bei mittlerer Temperatur erhitzen, bis die Masse eindickt. Anschließend vom Herd nehmen.

Die Schokolade über dem warmen Wasserbad oder in der Mi-krowelle langsam schmelzen. Die flüssige Schokolade und den Yuzu-Saft unter die Creme mischen. Die Creme in eine saubere Schüssel füllen, die Oberfläche mit Frischhaltefolie bedecken, damit sich keine Haut bildet, und kalt stellen.

Einen großen Topf 4 cm hoch mit Pflanzenöl füllen und das Öl auf 180 °C erhitzen. Alternativ eine Fritteuse vorheizen. Die Malasadas portionsweise mit dem Schaumlöffel ins heiße Öl geben und in 2 Min. pro Seite goldbraun ausbacken. Auf Küchen-papier abtropfen lassen. Die Malasadas etwas abkühlen lassen und noch warm mit Zucker bestreuen. Die anfangs knusprigen Malasa-das werden beim Abkühlen weicher.

Die beiden Füllungen jeweils in einen Spritzbeutel füllen. Die Malasadas seitlich mit einem Holzspieß oder einem Essstäbchen einstechen und mit den Cremes befüllen. Am selben Tag essen.

CHIA-MANGO-BOWL MIT INGWER

Diese Bowl ist ein leckeres Dessert mit tropischem Aroma, das dir garantiert ein Lächeln ins Gesicht zaubert.

FÜR 4 PORTIONEN

60 g Chia-Samen

200 ml Apfelsaft plus 2 EL extra

150 g Mangofruchtfleisch plus
  Mangowürfel zum Dekorieren

50 g Cashewmus

10 g kandierter Ingwer

geröstete Kokos-Chips zum Dekorieren

Die Chia-Samen über Nacht in einer Schüssel im Apfelsaft einweichen.

Am nächsten Tag Mango, Cashewmus und kandierten Ingwer pürieren und 2 EL Apfelsaft unterrühren. Die Chia-Samen zu-geben und alles gut vermischen. Auf Schalen verteilen und mit Kokoschips und Mangowürfeln dekorieren.

ANANAS-MAISGRIESS-MUFFINS

Diese goldenen Muffins sind zwar kein traditionelles Gebäck von Hawaii, aber sie vereinen typische Pacific-Rim-Aromen. Apfelmus, Ananassaft und Kokosmilch sorgen dafür, dass der Teig saftig und leicht wird. Die Muffins kommen ohne Milch und Eier aus und sind daher ein schönes Rezept für alle, die sich vegan ernähren. Das Weizenmehl kannst du zudem durch glutenfreies Mehl ersetzen.

FÜR 1 MUFFINFORM (12 STÜCK)

150 g Maisgrieß
260 g Vollkornweizenmehl
¼ TL Salz
100 g Puderzucker
¾ TL Natron
435 g geraspelte Ananas im eigenen
    Saft (Dose)
60 g Apfelmus (Fertigprodukt)
120 ml Ananassaft
60 ml Kokosmilch
1 TL Vanille-Extrakt
1 TL Apfelessig

AUSSERDEM

zerlassenes Kokosöl für die Form
    (alternativ Papierförmchen oder
    zugeschnittenes Backpapier ver-
    wenden)
1 Handvoll geröstete Kokosraspel und
    etwas Bio-Limettenabrieb zum
    Dekorieren

Den Backofen auf 200 °C vorheizen. Die Mulden der Muffinform mit Kokosöl fetten.

Maisgrieß, Mehl, Salz, Zucker und Natron in einer großen Schüssel vermischen. In einer zweiten Schüssel die Ananasstücke mit Saft, Apfelmus, Ananassaft, Kokosmilch, Vanille-Extrakt und Essig verrühren. Die Masse zu den trockenen Zutaten geben und alles zu einem geschmeidigen Teig verarbeiten.

Den Teig mit einem Esslöffel auf die Mulden verteilen. Die Muffins 30 Min. backen, gegen Ende eine Garprobe machen. Abkühlen lassen und mit Kokosraspeln und Limettenabrieb bestreuen.

TIPPS

Vor dem Einfüllen 1 Handvoll Blaubeeren oder Kokosraspel unter den Teig heben. Für noch mehr Frische kannst du den Ananassaft auch zur Hälfte durch Limettensaft ersetzen. Die fertigen Muffins mit einem Guss aus Limettensaft und 90 g Puderzucker beträufeln und mit Limettenabrieb dekorieren.

Die Muffins schmecken auch warm aufgeschnitten mit Butter und flüssigem Honig köstlich.

KULOLO

Die Taro-Wurzeln, die in diesem traditionellen Süßgebäck verwendet werden, unbedingt mit Handschuhen verarbeiten und nicht roh essen. Ungekocht sind sie ungenießbar.

**FÜR 1 KASTENFORM
(FÜR 900 G; 6 PORTIONEN)**

580 g Taro-Wurzeln (alternativ Yams-Wurzeln oder Süßkartoffeln), gerieben
235 ml Kokoswasser
235 ml Kokosmilch
75 g frische Kokosnuss, fein gerieben
150 g brauner Zucker

AUSSERDEM
zerlassenes Kokosöl für die Form

Den Backofen auf 190 °C vorheizen. Die Kastenform mit Kokosöl fetten, mit Alufolie auslegen und erneut fetten.

Geriebene Taro-Wurzeln, Kokoswasser und Kokosmilch im Mixer pürieren. Geriebene Kokosnuss zugeben und erneut pürieren. Den Zucker sorgfältig unterrühren. Die Masse sollte dickflüssig sein und an Pfannkuchenteig erinnern. Wenn der Teig zu trocken ist, noch etwas Kokosmilch unterrühren, bis die richtige Konsistenz erreicht ist.

Den Teig in die Kastenform füllen, mit gefetteter Alufolie abdecken und 2 Std. backen. Alternativ (und authentischer) 8 Std. im Dampfgarer dämpfen oder im heißen Wasserbad garen.

Kulolo über Nacht auskühlen lassen. Zum Servieren in Scheiben schneiden und pur oder getoastet mit einer Kugel Piña-Colada-Sorbet (s. u.) genießen.

PIÑA-COLADA-SORBET

Fruchtig und cremig zugleich, ist das Piña-Colada-Sorbet eigentlich eine Mischung aus Eiscreme und Sorbet. Es ist erfrischend, süß und leicht und schmeckt Kindern und Erwachsenen gleichermaßen. Außerdem lässt es sich Tage im Voraus zubereiten.

FÜR 6–8 PORTIONEN

200 g Puderzucker
120 ml Ananassaft
1 EL Bio-Zitronenabrieb
1 EL frisch gepresster Zitronensaft
250 ml Kokosmilch
300 ml Milch
1 TL Vanille-Extrakt

Alle Zutaten in einer Schüssel vermischen. In ein gefriergeeignetes Gefäß füllen, mit einem Deckel verschließen und ca. 1 Std. ins Tiefkühlfach stellen, bis die oberste Schicht gefroren ist.

Die Sorbetmischung zurück in die Schüssel füllen und im Mixer bei niedriger Geschwindigkeit zerkleinern, bis die Masse cremig ist und die Eiskristalle sich aufgelöst haben. In das Gefriergefäß zurückfüllen, mit dem Deckel verschließen und 2 Std. ins Tiefkühlfach stellen. Anschließend erneut aufschlagen bzw. im Mixer zerkleinern. Zum Schluss im Tiefkühlfach durchfrieren lassen und servieren.

TIPP
In Waffelhörnchen mit gerösteten Kokos-Chips servieren. Für eine alkoholische Variante 75 ml Kokosmilch durch Kokoslikör ersetzen.

POKE AUF REISEN UND DER AVOCADO-EFFEKT

Los Angeles ist für mich der Ort, von dem aus ich jedes Mal, wenn ich in den USA bin, nach Santa Barbara, Hawaii oder zum Yosemite-Nationalpark aufbreche. Da ich mich dort meist nur auf der Durchreise befinde, muss auch das Essen schnell gehen. In der Regel beschränke ich mich daher auf Fast Food und steuere die Restaurants – ganz im L. A.-Style – mit dem Auto an. Zu meinen Lieblingsplätzen gehören die mexikanischen Taco-Läden am Strand, die vielen Smoothie-Bars und „In-N-Out Burger". Außerdem stehen die gemütlichen Taguerias in Santa Monica ganz oben auf meiner Liste, wenn ich etwas Mexikanisches auf die Hand möchte. Seit Neuestem schießen hier aber auch Poke-Läden wie Pilze aus dem Boden und breiten sich rasant in ganz Los Angeles aus. Die „Angelenos" können offenbar gar nicht genug von Poke bekommen. Dieses Poke ist eine Weiterentwicklung des Originals, das in hawaiischen Supermärkten erhältlich ist, mit vielen gesunden Zutaten, die aber in ihrer Kombination nur noch wenig mit den Ursprüngen zu tun haben.

Die Poke-Liebhaber in Los Angeles sind anspruchsvoll, darunter oft Möchtegern-Hollywoodstars, Fitnessfanatiker oder Frauen, die ein Mittagessen mit möglichst wenigen Kohlenhydraten wollen.

Sie lieben es, sich ihre Poke Bowls selbst zusammenzustellen. Die Kombinationen treiben jedoch zuweilen merkwürdige Blüten. Von japanisch eingelegtem Gemüse über Sprossen, Grünkohl und Brokkoli bis hin zu allen möglichen Sorten aromatisiertem und gefärbtem Reis ist alles möglich. Dazu noch der unvermeidliche Tex-Mex-Einfluss mit Burritos, Quesadillas und Tacos – da bekommt man eine Idee davon, was Los Angeles aus Poke gemacht hat.

Außerdem gibt es eine Zutat, die nach Meinung der Poke-Begeisterten in L. A. „unbedingt" in die Poke Bowl gehört: die Avocado. Wurde sie bislang hauptsächlich für Tex-Mex-Gerichte und in der Health-Food-Szene als gesunder Aufstrich auf dünnem Roggenbrot verwendet, ist sie jetzt eine der Hauptzutaten jeder Poke Bowl.

Die kalifornische Vorliebe für die Avocado zeigt sich auch bei JC, einem meiner alten Kumpels in Santa Barbara, den ich seit unserer Kindheit kenne. Clean Eating war zu der Zeit, als wir Kinder waren, noch nicht so bekannt wie heute, aber wenn irgendjemand damals schon dieses Konzept verkörpert oder bis ins Extrem getrieben hat, dann JC. Er hat beispielsweise schon früher nie aus Plastikflaschen, sondern immer nur aus Glasflaschen getrunken. Heute

Von links nach rechts:
Santa Monica Pier
und Strand; Surfer
am Strand in Venice
Beach, Kalifornien;
Stand mit regionalem
Biogemüse in Hawaii;
In-N-Out-Burger in
Hollywood

lebt er auf einer Avocadofarm. Die Avocados isst er aber nicht nur, sondern verrührt sie zu Hautcremes oder zu Haarspülungen. So wie die Bewohner von Lappland 100 Wörter für „Schnee" kennen, verwendet JC etliche verschiedene Begriffe, um Form, Zustand, Farbe und vor allem den Geschmack von Avocados zu beschreiben.

Bei JC standen Avocados jedoch nicht immer an erster Stelle. Früher waren es nach einem Tag, den er mit Surfen, Schwimmen oder Speerfischen verbracht hatte, vor allem Fisch oder Meeresfrüchte. Die kleinen Hummer, die auf den Felsen in den Tangwäldern leben, hatten es ihm besonders angetan. Immer wenn wir einige Zeit gesurft waren, ging JC auf die Suche nach ihnen. Dann brachte er eine kleine Auswahl an lebenden Hummern an den Strand, deren Schwänze er an Ort und Stelle roh verspeiste. Den Rest warf er wieder ins Meer (zum Wohl des Ökosystems, wie er sagte). Wenn in der Nähe zufällig ein Zitronenbaum für die geschmackliche Verfeinerung stand – umso besser.

Immer wenn wir uns zum Abendessen im Garten eines Freundes trafen, wurden Hummer oder Fisch als Ceviche mariniert und direkt aus der Schüssel gegessen. Dazu gab es Maistortillas oder Tortilla-Chips

mit Chilisoße und – natürlich – Avocados, entweder in Scheiben geschnitten oder als Guacamole. Wenn JC eingeladen war, brachte er immer eine große Tüte davon mit.

Bekanntermaßen bleiben die Trends in Los Angeles meist nicht innerhalb der Stadtgrenzen, sondern beeinflussen die gesamte Westküste von Seattle bis ganz hinunter nach Cabo San Lucas in Niederkalifornien. Poke, das hier angeboten wird, stammt im Großen und Ganzen von den Poke-Varianten aus dem Westen von L. A. ab. Es gibt zwar Ausnahmen, die sich mehr am hawaiischen Original orientieren, wie „Sam Choy's Poke to the Max" oder die Läden von „Pacific Island Taste", aber generell ist Poke zu einem wichtigen Bestandteil des L. A.-Lifestyles geworden. Von hier aus hat sich das kalifornisch beeinflusste Poke in andere Teile der USA und die ganze Welt verbreitet. Ohne Zweifel wird es sich mit wachsender Beliebtheit immer mehr weiterentwickeln, weg vom Original der Fischtheken in hawaiischen Supermärkten.

AÇAI-MÜSLI

Açai-Beeren stammen ursprünglich aus dem Amazonasgebiet, sind aber fester Be-standteil eines hawaiischen Frühstücks. Das Superfood gibt es bei uns nicht frisch, sondern in der Regel abgepackt als Püree zu kaufen. Aber Vorsicht – es macht süchtig!

FÜR 1 BOWL

100 g Açai-Fruchtpüree
50 g Blaubeeren (TK)
120 ml Mandeldrink
1 Handvoll Knuspermüsli
1 EL Goji-Beeren
1 EL Kakao-Nibs
1 EL geröstete Kokos-Chips
1 Handvoll frische Himbeeren und
  Blaubeeren
Agavendicksaft (optional)

Açai-Püree mit TK-Blaubeeren und Mandeldrink im Mixer pürieren. Die Masse sollte eine Konsistenz wie Eiscreme haben, ggf. etwas mehr Mandeldrink zugeben.

Die Früchte-Mandeldrink-Mischung in eine Schale füllen. Knuspermüsli, Goji-Beeren, Kakao-Nibs und Kokos-Chips auf einer Seite dekorativ verteilen. Frische Blaubeeren und Himbeeren in der Mitte platzieren. Die Früchte nach Wunsch mit etwas Agavendicksaft beträufeln.

TIPP

Du kannst auch Chia-Samen, Mango, Kiwi oder normales Müsli verwenden. Für einen Smoothie alle Zutaten mit zusätzlich 150 ml Fruchtsaft, Kokoswasser oder Mandeldrink im Mixer pürieren.

PITAHAYA LATTE

Pitahaya (auch Pitaya oder Drachenfrucht genannt) hat sich in den letzten Jahren unter gesundheitsbewussten Hawaiianern zu einem Grundnahrungsmittel entwickelt. Als Superfood ist die Frucht vollgepackt mit Omega-3-Fettsäuren und Antioxidantien und damit eine beliebte Alternative zu Açaí-Beeren. Der rosafarbene Pitahaya Latte ist nicht nur schön anzusehen, sondern auch gut für den Körper und himmlisch lecker.

FÜR 1 PORTION

235 ml Haferdrink
½ EL Pitahaya-Pulver plus etwas zum
  Bestäuben
1 TL zerlassenes Kokosöl
1 TL Vanille-Extrakt
1 TL Mandelmus
Kokosblütenzucker oder Agavendicksaft zum Süßen

Den Haferdrink in einem kleinen Topf erwärmen. Das Pitahaya-Pulver mit 1 TL heißem Wasser glatt rühren. Den warmen Drink mit dem angerührten Pitahaya-Pulver und den restlichen Zutaten im Mixer schaumig schlagen.

Den Pitahaya Latte in eine Tasse füllen, mit etwas Pitahaya-Pulver bestreuen und sofort servieren.

LITSCHI-LIMONADE

Litschibäume gelangten Ende des 19. Jahrhunderts nach Hawaii. Obwohl die Litschi auf Hawaii nicht kommerziell angebaut wird, findet man heute noch Litschibäume in fast jedem Garten. Diese Limonade ist toll für Gäste – sie ist exotisch, aromatisch und raffiniert, aber gleichzeitig ganz einfach selbst zu machen.

FÜR 4 PORTIONEN

16–20 reife Litschis
frisch gepresster Saft von 3 Zitronen
Zucker nach Wunsch zum Süßen
1 Handvoll Eiswürfel (optional)
1 l eiskaltes Wasser
frische Minzblätter zum Dekorieren
  (optional)
Zitronenzesten zum Dekorieren
  (optional)

Die Litschis schälen und entkernen. Das Fruchtfleisch im Mixer glatt pürieren. Den Zitronensaft unterrühren und nach Wunsch mit Zucker süßen.

Das Fruchtmus in eine Karaffe geben, Eiswürfel nach Belieben zugeben, alles mit kaltem Wasser auffüllen und umrühren. Die Limonade in Gläser füllen, mit Minze und Zitronenzesten dekorieren und genießen.

TIPP
Die Wassermenge kann nach Belieben angepasst werden, je nachdem, wie konzentriert die Limo sein soll. Für eine alkoholische Variante etwas Gin, Wodka oder Rum zugeben.

ISLAND DAISY

Diese Variante der klassischen Margarita wird mit Gin anstelle von Tequila gemixt. Der Cocktail ist damit näher am originalen Daisy. Triple Sec verleiht ihm etwas Spritziges.

FÜR 4 PORTIONEN

120 ml Gin (London Dry Gin)
60 ml Triple Sec
60 ml frisch gepresster Limettensaft
2 TL Agavendicksaft
Eiswürfel
Mineralwasser zum Auffüllen
Limettenspalten zum Garnieren

Vier Gläser im Gefrierfach kühlen. Gin, Triple Sec, Limettensaft und Agavendicksaft in einen Shaker geben und gut mixen. Eiswürfel in die vier gekühlten Gläser füllen, den Cocktail auf die Gläser verteilen, mit Mineralwasser auffüllen (maximal ein Drittel des gesamten Drinks) und jedes Glas mit einer Limettenspalte garnieren.

ANANAS-MARGARITA

Dies ist eine besonders fruchtige Margarita mit einem Touch Hawaii. Verwende hierfür eine möglichst süße Ananas und einen guten Tequila Silver. Der Cocktail ist auch als Pineapple Fluff bekannt.

FÜR 4 PORTIONEN

½ Ananas, das Fruchtfleisch gewürfelt und gekühlt
frisch gepresster Saft von 2 Limetten
120 ml Cointreau (alternativ Triple Sec)
235 ml Tequila Silver
Eiswürfel
Agavendicksaft (optional)
4 Ananasspalten zum Dekorieren

Vier Gläser im Gefrierfach kühlen. Ananasstücke, Limettensaft, Cointreau, Tequila und ein paar Eiswürfel im Mixer glatt und schaumig pürieren. Nach Wunsch mit Agavendicksaft süßen.

Den Cocktail sofort in die vier gekühlten Gläser füllen und je eine Ananasspalte auf den Glasrand stecken.

MANGO DAIQUIRI

Der Strand von Baja California in einem Cocktailglas.

FÜR 4 PORTIONEN

6 große Mangos, in Scheiben geschnitten (alternativ TK-Mango, gewürfelt)
2 l Eiswürfel
350 ml weißer Rum
Zucker nach Wunsch

Vier Gläser im Gefrierfach kühlen. Die Mangos im Mixer mit derselben Menge an Eiswürfeln glatt pürieren. Rum und nach Wunsch Zucker zufügen und erneut mixen. Den Cocktail sofort in die gekühlten Gläser füllen.

TIPP

Wenn du Tiefkühl-Mangos verwendest, das gefrorene Fruchtfleisch mit lediglich der Hälfte der Eiswürfelmenge im Mixer glatt pürieren.

GIN TONIC MIT YUZU

Der Liebling bei Island Poké am Londoner Broadgate Circle.

FÜR 2 PORTIONEN

1 EL Yuzu-Pulver
1 EL Puderzucker
2 TL Yuzu-Saft
2 TL Agavendicksaft
50 ml Gin
Eiswürfel
200 ml Indian Tonic Water

GIN TONIC MIT HIBISKUS

Die hawaiische Interpretation des englischen Klassikers.

FÜR 2 PORTIONEN

2 EL Hibiskussirup (s. u., alternativ Fertigprodukt)
50 ml Gin
200 ml Indian Tonic Water
Eiswürfel
2 essbare Hibiskusblüten zum Dekorieren (optional)

FÜR DEN HIBISKUSSIRUP

50 g weißer Zucker
40 essbare Hibiskusblüten
140 g flüssiger Honig

Für den Hibiskussirup Zucker und 235 ml Wasser in einem kleinen Topf aufkochen. Die Hitze reduzieren und die Hibiskusblüten zugeben. 30 Min. ziehen lassen. Den Honig zufügen und die Mischung auskühlen lassen. Den Sirup durch ein Sieb abseihen, in ein Glasgefäß füllen und kalt stellen. Innerhalb 1 Woche aufbrauchen.

Für den Cocktail je 1 EL Hibiskussirup in ein Glas geben. Gin, Tonic Water und Eiswürfel zufügen. Die Gläser nach Wunsch mit Hibiskusblüten dekorieren.

Zwei Gläser im Gefrierfach kühlen, anschließend mit dem Rand in etwas Wasser tauchen. Auf einem Teller Yuzu-Pulver und Puderzucker vermischen. Die Glasränder in die Mischung tauchen.

Yuzu-Saft und Agavendicksaft in die Gläser füllen und verrühren. Gin und ein paar Eiswürfel zugeben. Mit Tonic Water auffüllen und umrühren.

SHAKES UND SMOOTHIES

MELEMELE

Ganz in Gelb. Reinigend und stärkend.

FÜR 2 PORTIONEN

1 gelbe Paprikaschote, in grobe Stücke
geschnitten
2 gelbe Möhren, in grobe Stücke geschnitten
2 gelbe Äpfel (z. B. Golden Delicious), in grobe
Stücke geschnitten
1 daumengroßes Stück Ingwer, grob gehackt

Alle Zutaten im leistungsstarken Mixer pürieren
und auf zwei Gläser verteilen.

GLOW JUICE

*Ein Saft mit wenig Zucker für die basische
Ernährung und den ultimativen „Glow".*

FÜR 2 PORTIONEN

1 Bund Stangensellerie, geputzt
1 Gurke, geschält und entkernt
1 Apfel, geschält und entkernt
1 EL Apfelessig
1 daumengroßes Stück Ingwer, geschält

Alle Zutaten in den Entsafter oder die Saftpresse
geben und den Saft frisch auspressen.

BLUE HAWAII

*Supergehaltvoll und supergut. Gelingt am
besten im Mixer.*

FÜR 2 PORTIONEN

¼ Ananas, das Fruchtfleisch grob gewürfelt
150 ml Kokoswasser
Fruchtfleisch von ¼ frischen Kokosnuss
1 Handvoll Blaubeeren
1 TL Blue Majik

Alle Zutaten im leistungsstarken Mixer pürieren, bis das Kokosfruchtfleisch fein zerkleinert
ist.

DATTEL-SHAKE

*Stell dir vor, du liegst in Palm Springs am Pool. Das
ist der passende Drink dazu.*

FÜR 2 PORTIONEN

70 g Datteln (z. B. Medjool), entsteint
1 Prise Zimt
1 Prise Salz
300 ml Mandeldrink (alternativ Kokosmilch)
8 EL Vanille-Eiscreme (Fertigprodukt)
½ Tasse Eiswürfel

Ca. 200 ml heißes Wasser in eine Schüssel füllen. Die
Datteln hineingeben und 15 Min. einweichen. Anschließend mit dem Einweichwasser, Zimt, Salz und Mandeldrink im Mixer zerkleinern. Eiscreme und Eiswürfel
zugeben und alles glatt pürieren.

REGISTER

DANK

Zuallererst möchte ich mich bei meinem wunderbaren Team von Island Poké für die Unterstützung bedanken. Ein besonderer Dank geht an Lauren Blissett, unsere Hawaiianerin bei Island Poké, die mithilfe ihrer Familie, darunter ihre Großmutter, Auntys und Freunde, viele Rezepte unermüdlich recherchiert und gesammelt und großartige Ideen eingebracht hat.

Vielen Dank an Laurens Mutter Julie, ihre Großmutter, Aunty Terese, Aunty Jo, Aunty Ann, Aunty Nohea, Dave Wong, Kaiwahine und Ikaiaka für die guten Tipps und dass ihr uns an eurem Wissen über die hawaiische Kultur und euren Kochkünsten habt teilhaben lassen. Mahalo piha. Danke an Dave Burt, Joel Smedley und Lauren für die Fotobeiträge. Und schließlich ein großes Dankeschön an alle Hawaiianer, die mich so sehr inspiriert haben.

Ein Wort möchte ich über meine Freunde in Kalifornien und Hawaii sagen. Ohne euch hätte ich es nicht geschafft, mich so gut in die Westküstenmentalität hineinzuversetzen. Vielen Dank vor allem an John „JC" Clark für deine Natürlichkeit, deinen freien Geist und deine Leidenschaft für Avocados. Außerdem an Scott „Scotty" Korchinski, der mich über die Entwicklung von Poke in L. A. auf dem Laufenden gehalten hat, Mark Outwater, von dem ich das Fischen im Pazifik gelernt habe, sowie John „Johnno" Outwater für das Bier im Whirlpool, nachdem ich meine Surffähigkeiten über die Maßen strapaziert habe, sowie für zahllose Tri-Tip-Barbecues. Danke vor allem für die Fotos, die du für das Buch zur Verfügung gestellt hast. Johns Leidenschaft fürs Surfen und Fotografieren bringt ihn regelmäßig nach Hawaii zurück, wo er beidem grenzenlos nachgehen kann.

Schließlich danke ich meinem Dad für seine bedingungslose Unterstützung.

BILDNACHWEIS